W0463271

Albert Karl Wirth

LASS LOS UND LEBE

Verlag Denkmayr

1. Auflage 1996

Alle Rechte, insbesondere das Recht der Vervielfältigung und Verbreitung sowie der Übersetzung, vorbehalten. Kein Teil des Werkes darf in irgendeiner Form (durch Fotokopie, Mikrofilm oder ein anderes Verfahren) ohne schriftliche Genehmigung des Verlages reproduziert oder unter Verwendung elektronischer Systeme gespeichert, verarbeitet, vervielfältigt oder verbreitet werden.

Umschlaggestaltung: Albert Karl Wirth
Gesamtherstellung: Druckerei Denkmayr GesmbH.
Katsdorf · Linz · Wels

Printed in Austria
ISBN 3-90-1123-80-6

Inhaltsverzeichnis:

Vorwort 5

1. Teil: Die Grundlagen des Loslassens

Was bedeutet Loslassen? 11

Die Polarität 14

Der Schatten 17

Nehmen und Geben 21

Die Polarität unseres Körpers 23

Polarität im Alltag 25

Die Geschichte von Adam und Eva 27

Das Netzwerk Mensch 29

Das Unterbewußtsein 30

Die inneren Programme 31

Das persönliche Weltbild 33

Die Auswirkungen der inneren Programme 34

Die Macht unserer Gedanken 40

Positive und negative Gedanken 41

Das Schicksal 42

Kann man sein Schicksal korrigieren? 43

Denkst du positiv oder negativ? 45

Die Gedanken-Analyse 46

Aktion und Reaktion 47

Schicksals-Verteilungsstelle? 49

Der Schlüssel zum persönlichen Erfolg 51

Anleitung zum Glücklichsein 53

Die persönliche Energiebilanz 59

Warum Loslassen Energiegewinn bringt 63

Psychohygiene – das Schicksalsveränderungsprogramm 64

Die Resonanz 67

Wie innen so außen 69

Botschaft und Botschafter 72

Schwingung ist spürbar und wirkt immer 75
Spiegelbilder 77
Alles ist möglich 82

2. Teil: Die Praxis des Loslassens

Probleme lösen 87
Es gibt keine Probleme, nur Situationen 91
Erfolg 93
Erfolg in Beruf und Sport 96
Positives Denken 100
Urteilen – Verurteilen 101
Enttäuschung 106
Partnerschaft 108
Wenn uns der Partner verläßt 110
Der Tod des Partners 112
Der Weg zur Gesundheit 114
Perfektionismus 116
Ärger 119
Kritik 124
Sag nicht Ja, wenn du Nein sagen willst 127
Berufskollegen 130
Kampf ist Krampf 134
Angst 135
Salamitaktik 139
Angst vor Verlust 142
Zukunftsangst 144
Sich um andere sorgen 146
Schuldgefühle 148
Verzeihen 151
Hier und Jetzt 154
Egoismus 156
Kinder 157
Der Sinn des Lebens 160

Vorwort

Dieses Buch ist das Ergebnis eines jahrzehntelangen Entwicklungsprozesses. Ich hielt in den letzten Jahren viele Seminare über Mentaltraining, ganzheitliches Denken, Probleme lösen und auch viele andere Themen ab.

Und ganz allmählich entwickelte sich ein Kristallisationspunkt. Bei allem, was ich lernte und auch lehrte, schien, wenn man es ganz genau betrachtete, alles auf einen bestimmten Punkt hinzuweisen.

Dieser Punkt ist das Loslassen. Es ist ein Universalschlüssel zu einem Leben in Fülle, in Harmonie, in Einklang mit sich selbst und auch mit seiner Umwelt.

Schon immer faszinierten mich die Hebelgesetze. Wenn man weiß, wo man ansetzt, kann man plötzlich große Lasten transportieren, was ohne dieses Wissen nicht möglich ist.

Ich habe daher das von mir gegründete Institut für persönliche Entwicklung HEUREKA genannt. HEUREKA heißt „ich hab's gefunden" und ist ein Ausspruch des griechischen Mathematikers und Physikers Archimedes (287–212 v. Chr.), der sich maßgeblich mit Hebelgesetzen beschäftigte.

Archimedes rief dieses „ich hab's gefunden" aus, als er ein weiteres wichtiges Prinzip entdeckte, das Gesetz des Auftriebs. Er hatte von seinem König die Aufgabe erhalten, herauszufinden, welche Königskrone (eine war gefälscht) die echte war. Beide Kronen waren optisch nicht voneinander zu unterscheiden.

Archimedes stellte monatelange Berechnungen an, um schließlich intuitiv, als er in der Badewanne saß, das Gesetz des Auftriebs zu entdecken. Damit hatte er die Lösung gefunden: er konnte den Unterschied zwischen Gold und Tand beweisen!

Dieses Buch handelt von geistigen Gesetzmäßigkeiten.

Viele Sagen und Heldengeschichten berichten symbolisch von der Suche nach dem Glück.

Auch ich zog aus, um das Glück zu finden, kämpfte viele Kämpfe, erlebte viele Abenteuer, Niederlagen, Enttäuschungen, Erfolge und auch Mißerfolge, um schließlich ganz verblüfft festzustellen, daß das Glück, nach dem ich suchte, schon immer dagewesen ist, nämlich in mir selbst!

Ich hatte es ununterbrochen im Außen gesucht, und dort nirgendwo gefunden. Dort, wo ich nicht suchte, habe ich es gefunden.

Die Suche ist ein wesentlicher Bestandteil unseres Lebens, sie gehört zu unserem Entwicklungsprozeß.

Mit diesem Buch möchte ich allen meinen Lesern die Hand reichen und sie ermuntern, an der richtigen Stelle zu suchen.

Denn es gibt nicht **das** Glück, sondern es gibt nur **dein persönliches Glück.**

Und das erreichst du am besten durch Loslassen.
Meine besten Gedanken begleiten dich auf diesem Weg.

Stadt Haag, September1996

Albert Karl Wirth

1. Teil

Die Grundlagen des Loslassens

WAS BEDEUTET LOSLASSEN?

Mach bitte zu Beginn ein kleines Experiment. Betrachte deine Hände und balle sie zu einer Faust. Hast du jetzt das Gefühl, daß du in diesem Zustand etwas empfangen kannst?
Selbst wenn ich dir jetzt etwas geben würde, hättest du mit geballter Hand kaum die Chance, das aufzunehmen und zu behalten.

Oder versuche mit deiner Faust etwas vom Boden aufzuheben. Es wird dir kaum gelingen.

Das Leben will dir ununterbrochen dienen und dir geben. Aber wie soll es dir etwas geben, wenn du die Hand geschlossen hast und nicht bereit bist, dich zu öffnen?

Es war einmal ein frommer Mann, der betete jeden Tag zum lieben Gott: „Lieber Gott, bitte laß mich im Lotto gewinnen." Er tat dies sehr inbrünstig, jeden Tag. Und das monatelang, und das jahrelang … Und nach ein paar Jahren, als er wieder so inbrünstig zum lieben Gott betete, -„lieber Gott, laß mich bitte im Lotto gewinnen" – bebte plötzlich die Erde, es zuckten Blitze und die mächtige Stimme Gottes ertönte: „Du Tölpel, kauf doch endlich einen Lottoschein!"

Die schönsten und prägnantesten Sätze zum Thema Loslassen habe ich interessanterweise in einem Marketingbuch gelesen, bei Ernest Dichter, dem Marketingpapst der 80er Jahre.

Er schreibt zum Thema Loslassen:

Wir haben Angst vor Veränderung.
Verzweifelt klammern wir uns an den Zweig,
der über dem reißenden Fluß hängt.
Das ist der Traum von der statischen Sicherheit.
Dynamische Sicherheit aber ist, was wir brauchen:
L o s l a s s e n ,
und mit dem reißenden Strom des Lebens schwimmen.

Was ist nun mit dem Strom des Lebens gemeint? *„Alles fließt"* (panta rhei) sagte schon der griechische Philosoph Heraklith.

Das Leben ist tatsächlich ein ständiges Fließen, ein ständiges Werden und Vergehen aller Dinge, ein ununterbrochenes Auf und Ab.

Denken wir an die Wellen, die uns im Meer so besonders faszinieren. Jede Welle besteht aus einem Wellenberg und einem Wellental, und erst beide zusammen machen die Welle aus.

Wenn wir diese Symbolik auf unser Leben übertragen, so müssen wir eingestehen, daß wir sehr oft krampfhaft versuchen, ausschließlich auf diesem Wellenberg zu bleiben, und alle unsere Mühen und Anstrengungen gelten dem Versuch, oben zu bleiben, um nur ja nicht in das Wellental zu kommen.

Dieses Klammern bedeutet, wir lassen das Leben nicht fließen, so wie es ist.

Und jedes Mal, wenn wir festhalten, verursachen wir einen Stau, und dieser Stau schafft uns Probleme.

Erst wenn wir bereit sind, diese Probleme oder Blockaden zu lösen, beginnt das Leben wieder zu fließen.

Loslassen heißt Blockaden lösen!

Dieses Prinzip ist auch in der Akupunktur bekannt. Krankheit entsteht erst dann, wenn die feinen elektro-magnetischen Ströme unseres Körpers irgendwo blockiert sind. Die Kunst der Akupunktur besteht darin, festzustellen, wo diese Ströme blockiert sind, und mit Hilfe von Nadeln diesen Fluß wieder in Gang zu bringen.

Das Gleiche passiert auch beim Loslassen. Durch das Loslassen von verschiedensten Blockaden wie Ärger, Angst, Kritik, Schuldgefühle, etc. lösen wir diese Blockaden, und das Leben kann wieder frei fließen.

Es steht uns dadurch wieder unsere volle Energie zur Verfügung.

Loslassen bringt innere Freiheit und Unabhängigkeit!

DIE POLARITÄT

Auf unserer Erde unterliegt alles dem Gesetz der Polarität. Daher ist es so wichtig, daß man sich dessen bewußt wird und lernt, im täglichen Leben damit richtig umzugehen.

Denk an das Atmen. Einatmen gehört zum Ausatmen, wie Ausatmen zum Einatmen; das eine bedingt das andere. Beide zusammen machen erst das Atmen aus.

Wenn nun jemand auf die verrückte Idee käme: ich gebe nicht gerne etwas her, ich atme nur ein aber nicht aus, dann bricht das Prinzip Polarität zusammen, und das bedeutet für diesen Menschen den Tod.

Beim Atmen ist uns das sonnenklar, weil wir das jederzeit sozusagen am eigenen Leib nachvollziehen können. Doch das Gesetz der Polarität ist allgemein gültig und das bedeutet, daß es immer funktioniert, egal welchen Bereich wir beleuchten.

Wir leben in einer Welt der Gegensätze. Alles besteht aus Gegensatz-Paaren:

einatmen – ausatmen, oben – unten, innen – außen, hoch – niedrig, groß – klein, Nordpol – Südpol, Tag – Nacht, wachen – schlafen, Mann – Frau, gut – böse, süß – sauer, Glück – Unglück, Leben – Tod, Wellenberg – Wellental, heiß – kalt, Krieg – Frieden, aktiv – passiv, etc.

Es ließen sich unendlich viele Gegensatz-Paare anführen. Bei allen gilt das gleiche Prinzip wie beim Atmen: beide Pole bedingen einander.

Bei Bereichen, die uns unmittelbar betreffen, ist es für uns ziemlich einsichtig.

Nehmen wir das Beispiel Wachen und Schlafen.
Nichts ist schlimmer, als wenn man mehrere Nächte hintereinander nicht schlafen kann. Am nächsten Tag ist man dann gerädert, hat keine Kraft, hat keine Energiereserven. In so einer Situation sehnt man sich nach dem Gegenpol…

Wir sind nur dann im inneren Gleichgewicht, wenn es uns gelingt, beide Pole miteinander in Harmonie zu bringen.

Um bei unserem Beispiel zu bleiben, das Leben ist im Fluß, wenn beide Pole berücksichtigt werden, wenn also auf die Wachperiode eine Schlafperiode folgt und umgekehrt.

Auf unserer Körperebene können wir also sehr klar erleben, wie das Prinzip wirkt, doch je abstrakter die Begriffe sind, umso schwieriger wird es, das Gesetz Polarität zu erkennen bzw. anzuerkennen.

Denken wir an die Begriffe Krieg und Frieden.
Das ist ein beliebter Diskussionsstoff in meinen Seminaren. Hier haben die meisten Menschen Schwierigkeiten einzusehen, daß auch diese beiden Pole nichts anderes als zwei Seiten einer Medaille darstellen.

Daß eine Münze immer aus den beiden Seiten Kopf und

Zahl besteht, ist jedem klar. Aber wenn wir statt Kopf und Zahl die Begriffe Krieg und Frieden einsetzen, wird es für viele sehr unverständlich.

Wenn wir die vergangene Menschheitsgeschichte betrachten, dann müssen wir ehrlicherweise gestehen, daß es in der menschlichen Vergangenheit immer wieder Krieg und auch immer wieder Friedensperioden gegeben hat.

Zum Fluß des Lebens gehören immer Gegensatz-Paare.

Ein gutes Beispiel für Polarität liefert uns auch der elektrische Strom.
Jede Leitung hat einen Plus- und einen Minuspol. Was passiert, wenn ich einen davon weggebe? Dann funktioniert das ganze Prinzip nicht – es gibt keinen Strom. Das Eine bedingt das Andere.

Polarität als Grundlage unseres Denkens

Die Polarität ist auch die Grundlage unseres Denkens. Erst über den Gegensatz lernen wir denken.

Erst dann, wenn wir einmal unglücklich gewesen sind, wissen wir, was Glück bedeutet, und auch umgekehrt.

Der Schatten

Was passiert nun, wenn wir einen dieser beiden Pole ablehnen? Es passiert das Gleiche wie bei einer Batterie. Wir klemmen einen Pol ab, mit dem Endergebnis, daß nichts mehr fließen kann.

Wann immer wir etwas ablehnen, egal, was das auch ist, bedeutet dies, daß wir gegen das Gesetz der Polarität verstoßen; und den Teil, den wir ablehen, bekommen wir dadurch vom Schicksal als Lernaufgabe serviert.

Die Psychologie spricht in diesem Zusammenhang von einem Schatten. Alles, was wir ablehnen und auch verdrängen, „fällt in den Schatten".

Wir sollten die Polarität als Erkenntnis-Instrumentarium nützen. Sie zeigt uns, wo wir im Ungleichgewicht sind. Wenn wir gelernt haben, hinzuschauen, dann zeigt sie uns auch, was zu tun ist, um wieder ins Gleichgewicht zu kommen.

Wir brauchen uns die Polarität nur als Waage vorzustellen. In welchem Bereich liegen wir schief? Was betonen wir zu sehr, was vernachlässigen wir zu stark?

Ich möchte diese Wechselwirkung an einem Beispiel aus meinem Leben verdeutlichen:
Mir war Krieg schon immer in meiner tiefsten Seele zuwider. Ich bin schon seit 25 Jahren Mitglied von Organisationen, die Friedenspolitik betreiben und habe, als ich die Gesamtzusammenhänge noch nicht begriff, gegen den Krieg gekämpft.

Gegen den Krieg kämpfen bedeutet aber, daß dieser Pol von mir nicht anerkannt wurde, und daher in den Schatten fiel.
Das bedeutet – im Sinne der Polarität – daß ich mir zu diesem Thema eine besondere Lektion „verdient" habe.

Diese Lektion kam eines Tages in Form eines Vorgesetzten auf mich zu. Ich, der friedliebende Mensch, der gegen den Krieg kämpfte, bekam plötzlich einen Vorgesetzten, der nichts lieber tat, als Krieg zu spielen.
Dieser Mann hatte sich aus der Nazizeit in das Wirtschaftsleben hinübergerettet, tat aber das Gleiche wie damals, er führte Krieg – Krieg gegen die Konkurrenz.

Ich werde jenen Abend nicht vergessen, als ich zu einem Geschäftsessen von meinem Chef eingeladen war.
An diesem Abend erklärte er mir seine Kriegsstrategie, wie er gedachte, in dieser Branche ganz Europa einzunehmen – durch Vernichtung der Konkurrenz mit allen zur Verfügung stehenden Mitteln. Und ich war auserkoren, diese Strategie durchzuführen!

Mein innerer Widerstand war so groß, daß ich schon während des Geschäftsessens in diesem feudalen Restaurant die Toilette aufsuchen mußte, und das ganze schöne Essen war futsch.

Die Botschaft, die dahintersteckte, war eine ganz klare, nämlich: ich mußte erkennen und anerkennen, daß es neben dem Frieden auch den Krieg; und daß es sowohl friedliebende als auch kriegerische Menschen gibt.
Diese Lektion des Schicksals war nur notwendig geworden, weil ich einen Pol der Gesamtpolarität bekämpft hatte.

Erst als ich erkannte, worum es wirklich ging, und erst als ich erkannte, daß es um **mich** ging, **um meine innere Entwicklung.**
Erst als ich erkannte, daß der andere nur ein Botschafter war, der mir eine bestimmte Botschaft zu überbringen hatte, der an einem Punkt in mir rührte, der in mir noch unausgewogen war, erst ab diesem Moment war ich wieder heil und ganz, war ich wieder im Fluß des Lebens und damit in der Polarität, und dadurch änderten sich auch meine äußeren Verhältnisse.

Die persönlichen Lebensumstände sind wie ein Barometer: sie zeigen an, welche Bereiche im eigenen Inneren nicht im Gleichgewicht sind. Nur diese Bereiche, die nicht im Gleichgewicht sind, berühren einen innerlich und machen einem zu schaffen.

Sobald ich das erkannt hatte und innerlich akzeptierte, hatte ich genügend persönliche Energie, um mit dieser

Situation umzugehen. Ja mehr noch, ich bekam im gleichen Zeitraum, ohne daß ich mich bewarb, in einer anderen Firma eine lukrative Stellung angeboten, sodaß diese Lektion für mich erledigt war.

Die Polarität ist ein hervorragender Regulator, der in unserem Leben immer wieder darauf hinweist, daß wir aus dem Gleichgewicht sind, daß wir – wie bei einer Waage – „schief" sind. Und wenn wir gelernt haben hinzuschauen, dann zeigt uns das Prinzip Polarität auch, was in unserem Leben **gerade jetzt** zu korrigieren ist.

Durch dieses Polaritätsgesetz findet man auch eine Erklärung für sonderbare Tatsachen, daß zum Beispiel fanatische Gesundheitsapostel oft mit Krankheit, und Moralapostel mit der eigenen Unmoral konfrontiert werden.

Nehmen und Geben

Ein gutes Beispiel für die Polarität ist auch das Prinzip von Nehmen und Geben.

In unser herkömmlichen Erziehung wird das Prinzip „Nehmen“ sehr betont und das Prinzip „Geben“ zu sehr abgewertet. Das führt zu einem Ungleichgewicht. Der Fluß des Lebens ist behindert. Kein Wunder, daß so viele Menschen nach mehr, mehr und noch mehr streben, aber todunglücklich sind, weil sie dieses „mehr“ niemals bekommen.

Die Lösung ist einfach, verblüffend und unüblich:
je mehr ich gebe, umso mehr werde ich auch erhalten.

Das hat auch der amerikanische Milliardär Rockefeller ganz genau gewußt. Von ihm ist überliefert, daß er mindestens 10 Prozent seiner Einnahmen an Bedürftige weitergegeben hat; – nicht nur aus sozialem Gewissen, sondern weil er das Prinzip von Nehmen und Geben voll verstanden und es auch angewandt hat.
Daher ist es auch kein Wunder, daß er zu einem der reichsten Männer der damaligen Zeit geworden ist.

Sehr oft wird uns aber eingetrichtert, daß Nehmen seliger denn Geben ist. Das ist einleuchtend, weit verbreitet – und falsch!

Oder nehmen wir das Beispiel Partnerschaft. Viele Menschen sind ein ganzes Leben lang verzweifelt auf der Suche nach dem richtigen Partner. Erfolglos, solange die Einstellung vorherrscht: was kann ich denn vom anderen bekommen?

Dabei liegt die Lösung am anderen Ende der Polarität, und die lautet: was bin ich denn bereit, dem anderen zu geben? Erst wenn ich geben kann, kann ich auch im gleichen Ausmaß bekommen.

Am besten verdeutlicht das der bekannte Spruch:

Eine Partnerschaft ist wie eine Berghütte:
man findet nur das vor,
was man selber mitbringt.

Übrigens gilt das gleiche Prinzip auch in der Wirtschaft, obwohl es hier noch auf weiten Strecken völlig unbekannt ist.

Es geht heute nicht mehr darum, jemandem etwas anzudrehen, – das wäre kurzsichtig, und es funktioniert auch in der heutigen Zeit nicht mehr.
Es geht darum, herauszufinden, wo hat denn der Kunde einen Engpaß, wo hat denn der Kunde ein Problem?
Und wenn ich derjenige bin, der dieses Problem gut lösen kann, dann werde ich einen Auftrag bekommen.

In Firmen, in denen die Polarität gestört ist, in denen also der eine Teil „Nehmen“ ganz besonders betont und der andere Teil „Geben“ vernachlässigt wird, kommt es dadurch zu einem Mißverhältnis, zu einer Schieflage. Vielen Unternehmenschefs ist entgangen, daß es tatsächlich auch in der Buchhaltung heißt: Ein-**Nahme** und Aus-**Gabe**!

Die Polarität unseres Körpers

Das System der Polarität durchzieht auch unseren gesamten Körper: wir haben eine rechte und linke Körperhälfte, eine rechte und linke Hand, einen rechten und linken Fuß, usw.

Es betrifft auch unser Gehirn. Auch hier haben wir eine rechte und eine linke Hälfte, die beide durch den Gehirnlappen miteinander verbunden sind.

Die linke Gehirnhälfte entspricht den Prinzipien:
Logik, Sprache (Syntax, Grammatik), Lesen, Schreiben, Rechnen, Zählen, Aufschlüsselung der Umwelt, digitales Denken, lineares Denken, Zeitabhängigkeit, Analyse, Intelligenz.

Die rechte Gehirnhälfte unterliegt den Prinzipien: Ganzheitserfassung, Gestaltwahrnehmung, Raumempfinden, archaische Sprachformen, Musik, Geruch, Muster, geschlossenes Weltbild, analoges Denken, Symbolik, Zeitlosigkeit, Holistik, Intuition.

Alles, was in unserer westlichen Welt zählt, ist den Bereichen der linken Gehirnhälfte zuzuordnen. Unsere komplette Ausbildung, alle unsere Ausbildungsprogramme, sind beinahe ausschließlich auf die linke Gehirnhälfte begrenzt. Wir liegen also schief!

Gottseidank suchen immer mehr Menschen den notwendigen Ausgleich und interessieren sich zunehmend für

Esoterik, Intuition, Spiritualität und alle Bereiche, die der rechten Gehirnhälfte zuzuordnen sind.

Im eigenen Mittelpunkt sein

Erst dann, wenn es uns gelingt, beide Gehirnhälften auszugleichen, also Verstand und Intuition gleichzeitig zu gebrauchen, ist unser Leben ausgewogen, und wir können spüren, daß wir in unserem Mittelpunkt ruhen.

Genau das ist das Gefühl der inneren Mitte, der inneren Stärke, einer Ruhe, die viel Kraft bedeutet.

Polarität im Alltag

Nehmen wir das Beispiel Höhen und Tiefen noch einmal auf.

Wenn wir uns krampfhaft nur an die Höhen halten, uns ausschließlich darauf konzentrieren, führt dies automatisch dazu, daß wir uns bei den Tiefen umso unglücklicher fühlen.

Beide Zustände bedingen einander, und beide gehören zu unserem Leben dazu.

Unglücklich ist nur, wer krampfhaft versucht, an einem einzigen Pol festzuhalten.

Die Polarität besteht nicht aus feindlichen Gegensatz-Paaren, sondern aus zwei Gegebenheiten, die einander bedingen. Das besagt auch das Tao, das jahrtausendalte Yin-Yang-Prinzip, das heute auch in unserer westlichen Welt bestens bekannt ist.

Das Yin bedingt das Yang, das Yang bedingt das Yin, beide zusammen ergeben Harmonie. Und in jedem der Prinzipien ist gleichzeitig das Gegenprinzip enthalten.

Auch Buddha, einer der größten Denker, den die Erde hervorgebracht hat, erkannte schon vor 2500 Jahren, daß der wahre Weg der mittlere Weg ist.

Im Laufe seines Lebens hat Buddha die extremsten Positionen im Sinne der Polarität durchgelebt.
Als Königssohn geboren, aufgewachsen in extremem Luxus, wandte er sich von diesem oberflächlichen Leben ab, um über das genaue Gegenteil (Polarität) innerlich zu wachsen.
Er ließ alles zurück und widmete sich der extremen Askese.
Die Legende berichtet, daß er so stark gefastet hat, daß ihm sogar die Haare am Kopf verfaulten.
Schließlich stellte er fest, daß auch das nicht die wahre Erleuchtung brachte.

Buddha propagierte daher den mittleren Weg, den Weg zwischen den Extremen, als den wahren Weg.

Wir sind, was wir denken.
Alles, was wir denken,
entsteht mit unseren Gedanken.
Mit unseren Gedanken
machen wir die Welt.

(Buddha)

Die Geschichte von Adam und Eva

Wie wichtig diese Polarität ist, erkennt man daran, daß sie am Beginn, der Genesis der Menschheitsgeschichte, steht. Die Geschichte von Adam und Eva und dem Paradies ist die Geschichte der Polarität.

Zuerst gab es nur Adam, eine androgyne Persönlichkeit, der sowohl männliche als auch weibliche Aspekte in sich vereinigte und dadurch nicht der Polarität unterworfen war.

Der weitere Verlauf der Geschichte deutet auf eine kontinuierliche Entwicklung in Richtung Polarität hin.
Eva entstand aus der Rippe von Adam. Das bedeutet noch keine Polarität, da beide sich als Einheit empfanden.
Später fand die Begegnung mit der Schlange am „Baum der Erkenntnis“ statt. Ab diesem Moment erst gibt es ein Gut und ein Böse, – die Polarität.

Polarität bedeutet also Vertreibung aus dem Paradies!

Leider machen wir den Fehler, die Geschichte von Adam und Eva auf unsere Vergangenheit zurückzuprojizieren, also sie an den Anfang der Menschheitsgeschichte zu stellen.

Die Wahrheit ist, die Vertreibung aus dem Paradies findet heute, hier und jetzt, statt!

Der Baum der Erkenntnis, das Urteil über Gut oder Böse, vertreibt uns jede Sekunde unseres Lebens aus dem Paradies.

Wenn es uns gelingt, die Tatsache der Polarität anzuerkennen, wenn es uns gelingt, ohne Wertung, ohne Kampf und Krampf, beide Aspekte einer Situation vorurteilslos anzuerkennen, dann befinden wir uns wieder im Paradies!
Dann gibt es keinen Kampf, dann gibt es keinen Energieverlust, dann gibt es ein Leben im Hier und Jetzt.

Das bedeutet für jeden Menschen, er hat jederzeit auf dieser Welt die Möglichkeit, in sein eigenes Paradies zurückzukehren.

An einen Ort, in dem es keine Kämpfe gibt; einen Ort, in dem es keine Widerstände gibt; einen Ort, in dem es Harmonie, Frieden und jede Menge Energie gibt.

Der Schlüssel zum Tor dieses Paradieses ist das Loslassen.

DAS NETZWERK MENSCH

Nähern wir uns dem sehr komplexen Gesamtsystem Mensch mit einer einfachen, aber sehr symbolhaften Zeichnung, – dem Eisberg.

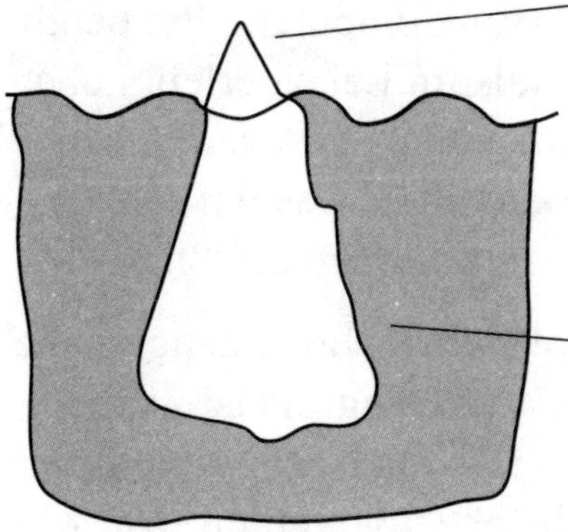

Wer jemals einen Eisberg in natura gesehen hat, der weiß, wie groß und mächtig er ist. Trotzdem ist der Großteil nicht sichtbar, weil unter Wasser.

Das **Tagesbewußtsein**, – vergleichbar dem Teil des aus dem Wasser ragenden Eisberges, macht im Rahmen unserer Gesamtpersönlichkeit **nur ca. 10 Prozent** aus.

Der größte Teil unserer Persönlichkeitsstruktur entspricht jedoch dem Teil des Eisberges unter Wasser und macht ca. **90 Prozent** aus.

Diesen Teil bezeichnen wir als **Unterbewußtsein.**

Das Unterbewußtsein

Wie funktioniert nun dieses ominöse Unterbewußtsein, das einen Großteil der Persönlichkeitsstruktur eines jeden Menschen ausmacht?

Das Unterbewußtsein ist, symbolisch betrachtet, vergleichbar einem Bio-Computer, der penibel alles speichert, was wir jemals im Leben erlebt haben.
Also alles, was wir jemals gesehen haben; alles, was wir jemals gehört haben; alles, was wir jemals gefühlt haben; alles, was mit unseren Sinnen erfaßbar ist.

Es sind ungeheure Informationsmengen, die jeden Tag in unser Unterbewußtsein eingespeist werden.
Darunter befinden sich auch sehr viele Informationen, die uns gar nicht mehr bewußt werden, wie zum Beispiel ein gewohnter Straßenlärm, Flugzeuglärm, Temperaturschwankungen, visuelle Ereignisse, und so weiter.

Was passiert nun mit dieser riesigen Informationsflut? Wenn wir das Unterbewußtsein als Bio-Computer bezeichnen, dann könnte man sagen, alle Informationen werden auf der Festplatte dieses Bio-Computers gespeichert.

Was aus diesen Informationen gemacht wird, liegt an unserem Betriebsprogramm.

DIE INNEREN PROGRAMME

In der Psychologie weiß man, daß die wichtigsten Prägungen in den ersten vier Jahren eines Lebens gesetzt werden.

Durch Nachmachen, durch Imitieren, durch Kopieren der Erwachsenen lernt ein Kind, wie es sich erfolgreich verhält.
Erfolgreich bedeutet für ein Kind, daß es stets das bekommt, was es zu seinem Fortkommen braucht.

Wir bekommen also hier unsere grundlegenden Prägungen, die sehr oft für unser künftiges Leben ganz entscheidend sind.

Wenn zum Beispiel aufgrund unserer Erziehung unsere innere Prägung lautet, „das kannst du nicht", dann kann uns genau diese Prägung ein ganzes Leben lang negativ beeinflussen.

Wenn wir von unseren Eltern positive Signale eingepflanzt bekommen haben, dann gilt das natürlich ebenso.

Das persönliche Weltbild

Und beides zusammen, – das, was von unserem Tagesbewußtsein an unser Unterbewußtsein geht, und unsere inneren Programme – ergibt unser Weltbild; ergibt, wie wir im Alltag reagieren, wie wir die Welt sehen.

Das bedeutet aber auch gleichzeitig, daß uns alles beeinflußt, was wir im Laufe eines Tages mit unseren Sinnen wahrnehmen.

Je öfter uns etwas beeinflußt, um so sicherer wird dies irgendwann zu einem inneren Programm.

Die Aussage der Eltern, „du bist so dumm", oder: „das kannst du nicht", oder: „bei uns geht das nicht"..., wird wahrscheinlich kaum einen Schaden anrichten, wenn sie nur einmal stattfindet, aber je öfter diese Bemerkung fällt, um so sicherer wird sie ein Bestandteil des Programmes des Kindes.

Ich habe vor kurzem eine Studie gelesen, daß junge Menschen bis zum 18. Lebensjahr rund 13.000 TV-Morde konsumieren.

Diese Gewalttaten haben einen Einfluß, weil sie im eigenen Unterbewußtsein, also auf unserer Festplatte gespeichert werden. Je öfter, umso gravierender.

Die späteren Auswirkungen reichen von Aggressivität bis zu „unerklärlichen" Gewaltausbrüchen.

Das Wichtigste, was wir tun können, ist zu selektieren, was wir denn in unser Unterbewußtsein aufnehmen wollen, denn wir müssen uns bewußt sein: alles, was wir mit unseren Sinnen aufnehmen, hat einen Einfluß auf uns.

Man sollte sich einmal selbst fragen: Wie gehe ich denn mit den täglichen Greuelmeldungen um? Wie gehe ich mit den täglichen Informationen um? Mit Zeitungen, Rundfunk, Fernsehen?

Das bedeutet nicht, daß wir uns von diesen Dingen zurückziehen sollten, sondern es bedeutet, daß wir eine klare Auswahl treffen sollten, in dem Bewußtsein, daß alles, was wir sehen und alles, was wir hören (auch wenn es nur so nebenbei im Radio ist) eine Auswirkung auf uns hat.

Die wichtigste Frage ist jetzt: Welche Auswirkungen lasse ich denn zu?

DIE AUSWIRKUNGEN DER INNEREN PROGRAMME

Dieses innere Betriebssystem, das wir von unserer näheren Umgebung (Eltern, Erzieher, Verwandtschaft) quasi installiert bekommen, kann sehr oft für unser künftiges Schicksal immense Bedeutung haben.

Nehmen wir als Beispiel ein Kind, das in einem der Slums von New York geboren wird.
Welche Signale, welche inneren Programme empfängt es von seiner Umgebung? Vielleicht sind in diesem Milieu Gewalt und Terror aus der Sicht der dort lebenden Menschen die einzigen Möglichkeiten, um zu überleben?

Welche Chance hat ein junger Mensch, der in so einer Umgebung aufwächst, um davon wegzukommen?
Wenn wir ehrlich sind, keine allzugroßen.
Denn die Kombination zwischen der Festplatte (Eindrücke, die ich jeden Tag bekomme) und der inneren Gravur (Gewalt und Stehlen sind notwendig, um im Leben weiterzukommen) bilden ein inneres Programm in dem Jugendlichen, und sein Leben wird sich nach diesem inneren Programm richten.

Nehmen wir nun als Beispiel das extreme Gegenteil:
Jemand wird in eine sehr reiche, wohlhabende Familie hineingeboren, die schon über mehrere Generationen sehr vermögend ist.

Das innere Programm wird wahrscheinlich lauten: „wir sind reich, wir können uns sehr viel leisten, wir sind erfolgreich".
Die äußeren Eindrücke (großzügige Wohnverhältnisse, Bedienstete, erstklassige Ausbildungsmöglichkeit) werden dieses „Betriebssystem" nur noch unterstützen.

Das bedeutet, dieser junge Mensch wächst mit ganz anderen Vorzeichen auf als der Junge in den Slums.
Auch hier ist die Wahrscheinlichkeit sehr hoch, daß sich seine inneren Programme verwirklichen werden.

Auch dort, wo der Vater einen sehr attraktiven und gut bezahlten Beruf ausübt, gibt es diese Beeinflussung schon im Kindesalter.

Beim Thema Sport ist das zum Beispiel so.
Wenn der Vater siegessicher mit einem Pokal nach Hause kommt und dann großartig erzählt, wie toll er gewesen ist, dann ist die Wahrscheinlichkeit sehr groß, daß sich auch der Sohn für diese Sportart interessieren werden.

Oder der Junior hat einen tollen Aufsatz in der Schule geschrieben, und die Großmutter stellt fest: „Ich glaube, du wirst ein genauso brillianter Anwalt wie dein Vater, das sieht man ja schon an deinen Aufsätzen!"

Hier wird der Samen gesetzt für bestimmte Denkrichtungen, für künftige Betriebssysteme.

Ich lernte einmal einen Unternehmer kennen, der, aus welchen Gründen auch immer, ein inneres Programm hatte – „Alle meine Mitarbeiter betrügen mich". Aufgrund dieses inneren Programmes war dieser gute Mann natürlich zu 90 Prozent damit beschäftigt, in seinem Unternehmen ständig zu kontrollieren.
In diesem Unternehmen gab es die Kontrolle der Kontrolle, der Kontrolle.

Vergeblich habe ich versucht, ihn auf Gesamtzusammenhänge hinzuweisen und ihm klar zu machen, daß er mit dieser Einstellung Umstände schafft, die wahrscheinlich irgendwann einmal genau das herbeiführen werden, was er so stark befürchtet.

Nach einiger Zeit manipulierte ein Angestellter einen Großauftrag so stark, daß das Unternehmen aufgrund dieser Manipulation pleite ging.
Es ist also genau das passiert, was sich dieser Unternehmer aufgrund seiner inneren Bilder immer vorgestellt hatte.

Unsere inneren Bilder funktionieren immer, auch bei unseren Ängsten.
Je öfter man eine bestimmte Angst empfindet, je plastischer man sich das Ereignis vorstellt, umso größer wird die Wahrscheinlichkeit, daß sich das im Leben auch tatsächlich verwirklicht.

Eine Seminarteilnehmerin erzählte, daß sie vor einiger Zeit in einem Parkhaus beim Zurücksetzen einen Betonpfeiler übersah und dadurch ihr Auto schwer beschädigte.

Ein Jahr später führte sie der Zufall wieder in das gleiche Parkhaus, und der gleiche Parkplatz wie damals war frei. Sie stellte sich auf diesen Parkplatz, und beim Aussteigen dachte sie: „hoffentlich passiert mir nicht das Gleiche wie beim letztenmal!“ Sie erinnerte sich mit einem sehr starken Gefühl, wie schrecklich das damals gewesen war. Dann erledigte sie ihre Einkäufe. Als sie zurückkam, dachte sie nicht mehr an den Vorfall vor einem Jahr.

Sie setzte sich in ihr Auto und fuhr – an diesen Pfeiler! Das innere Bild, verbunden mit starker Emotion – hoffentlich passiert mir nicht das Gleiche wie beim letztenmal – war der Auslöser für den neuerlichen Unfall.

Das Unterbewußtsein speichert in Form von Bildern.

Wenn du jetzt an etwas denkst mit dem Zusatz „**nicht**“, welches Bild wird dadurch im Unterbewußtsein gespeichert?

Machen wir dazu eine kleine Übung:
Denk jetzt einmal **nicht** an einen kleinen rosa Elefanten mit gelben Punkten. Denk unter keinen Umständen an einen kleinen rosa Elefanten mit gelben Punkten!

Was passiert? Da ist er! Du hast diesen kleinen rosa Elefanten mit gelben Punkten besonders gut gespeichert! Das Wort NICHT kennt das Unterbewußtsein nicht. Da sieht man, wie wichtig eine positive Formulierung (Affirmation) ist!

Das Unterbewußtsein nimmt neutral alle Eindrücke auf, ohne zu unterscheiden zwischen Gut und Böse.

„Ich sollte nicht so viel essen, ich sollte nicht mehr rauchen, usw." sind also die besten Garantien dafür, daß man genau diese inneren Bilder (die man nicht will) verstärkt in seinem Unterbewußtsein einspeichert.

Innere Bilder wirken immer!

Wirtschaftskrisen entstehen nach ähnlichen Prinzipien. Ein prominenter „Wirtschaftsfachmann", ein Börsenguru oder sonst eine kompetente Persönlichkeit, stellt fest, daß wir uns über kurz oder lang auf eine Wirtschaftskrise zubewegen. Das wird mit Umfrageergebnissen untermauert.

Eine Zeitung greift diese These auf und publiziert sie. Andere wollen nicht nachstehen und bringen ähnliche Berichte.
Je öfter diese These publiziert wird, um so sicherer bildet sich in den Köpfen von Hunderttausenden die Meinung: Wir schlittern auf eine Wirtschaftskrise zu.

Je mehr Menschen daran glauben, umso öfter kommt es vor, daß notwendige Investitionen in Unternehmen aufgeschoben werden, weil man ja nicht weiß, wie es weitergehen wird.

Wenn das oft genug passiert, bekommen Unternehmen immer weniger Aufträge, sie machen weniger Umsatz, müssen Leute entlassen, diese haben weniger Geld zur Verfügung und können weniger kaufen.

Und schon schlittert man, wie vorausgesagt, in die prognostizierte Wirtschaftskrise.

Ich trainiere viele Unternehmen, und auch hier ist das innere Bild für Erfolg oder Mißerfolg ausschlaggebend.

Ich habe einen guten Kunden in einer Branche, der es überhaupt nicht gut geht.
Tausende Arbeitskräfte haben in dieser Branche bereits ihren Job verloren und verlieren weiterhin Jobs.
Der Inhaber des besagten Unternehmens ist allerdings überzeugt, daß es in jeder Branche, auch in dieser, möglich ist, ordentliche Gewinne zu erzielen, wenn man sich bemüht, und wenn man postiv denkt.

Der Erfolg gibt ihm recht!
Während überall in dieser Branche Betriebe zusperren, baut er, quer durch Europa, neue Betriebe auf.

Des Rätsels Lösung liegt im Denken des Unternehmers.
Er ist bekannt für absolute Spitzenqualität, das bedeutet, er beliefert auch die besten Unternehmen dieses Marktsegments.

Den Besten geht es immer sehr gut, auch in einer notleidenden Branche. Durch dieses Qualitätskonzept ist mein Kunde automatisch auf der Gewinnerseite. Auch hier beginnt alles beim Denkprozeß, beim inneren Bild.

DIE MACHT UNSERER GEDANKEN

Neben den Einflüssen von außen gibt es auch innere Einflüsse, die für unser Leben sehr entscheidend sind. Dieser zweite, ganz wichtige Regelkreis sind unsere Gedanken.

Marc Aurel sagt:

Das Leben eines Menschen ist das, was seine Gedanken daraus machen.

Das ist eine uralte Weisheit, die vielen leider im täglichen Leben immer noch zu wenig bewußt ist. Weil viele glauben, daß Gedanken kaum etwas bewirken. Doch das genaue Gegenteil ist der Fall.

Gedanken sind kleinste Einheiten von Energie.

Ein Gedanke allein wird kaum etwas bewirken, aber die Masse der Gedanken, die Tendenz unserer Gedanken, bestimmt letztendlich unser Leben.

Warum das so ist, ist ganz einfach zu erklären: Jeder von uns denkt mehrere tausend Gedanken pro Tag. Da kommt im Jahr schon eine Anzahl in Millionenhöhe zusammen, und in zehn, zwanzig Jahren eben ein enstprechendes Vielfaches.

Alle unsere Gedanken sind Eindrücke, die in unserem Unterbewußtsein gespeichert sind.

Positive und negative Gedanken

Stellen wir uns jetzt vereinfacht vor, daß wir positive Gedanken als weiße Kugeln in unserem Unterbewußtsein speichern und negative Gedanken als schwarze Kugeln.

Welche Auswirkungen hat das in unserem Leben ?

Unser Leben wird sehr stark davon beeinflußt, wieviele von unseren Gedanken positiv sind und wieviele davon negativ.

Bei unserem Vergleich mit den Kugeln ergibt dies ein Endergebnis, das entweder sehr hell oder sehr dunkel gefärbt ist.

Die Seele nimmt mit der Zeit
die Farbe unserer Gedanken an.

(Marc Aurel)

Das Schicksal

In unserem persönlichen Leben ergibt die Summe der äußeren Eindrücke, die in unserem Unterbewußtsein abgespeichert werden, und die Summe der eigenen Gedanken, die ebenfalls im Unterbewußtsein abgespeichert werden, eine logische Gesamtsumme: diese beiden Komponenten bestimmen zu einem Großteil unser Schicksal.

Es ist unglaublich, was das bedeutet: wir bestimmen einen Großteil unseres Schicksals selbst!

Das Instrumentarium dazu haben wir in die Hand bekommen.

1) zu selektieren, was von außen in unser Unterbewußtsein hineinkommt.

2) durch unsere Umstellung vom Negativdenken zum Positivdenken.

Dadurch ist es möglich, die Struktur unseres inneren Speichers Unterbewußtsein zu verändern.

Und damit ist es uns auch tatsächlich möglich, unser gesamtes Leben zu verändern!

Wir haben eine viel größere Verantwortung für unser Leben, als wir normalerweise glauben.

Kann man sein Schicksal korrigieren?

Wir müssen hier ein wenig genauer differenzieren.

Es ist möglich, unsere inneren Programme zwar jederzeit zu korrigieren, aber sehr oft tun wir uns sehr schwer dabei, weil sie manchmal in einem sehr frühen Lebensstadium begonnen haben, an das wir uns bewußt nicht mehr, oder nur unzureichend erinnern können.

Es gibt aber einen Teil unseres Schicksalprogrammes, den wir sehr wohl jederzeit verändern können, nämlich unsere eigenen Gedanken.
Daher liegt der beste Ansatzpunkt der Veränderung unseres Schicksals bei unseren eigenen Gedanken.

Eines ist dabei zu bedenken: man kann durch die Veränderung seiner Gedanken sein Leben vollständig verändern, aber das ist ein Prozeß und nicht etwas, was von heute auf morgen erreichbar ist.

Bleiben wir bei unserem symbolischen Beispiel von vorhin, mit den weißen und schwarzen Kugeln in unserem Unterbewußtsein. Wenn ich ab heute wesentlich mehr weiße als schwarze Kugeln in meinen (Unterbewußtseins-) Behälter hineingebe, in dem bereits Millionen von Kugeln sind, so hat das am gleichen Tag, aufgrund der Stückzahl, wahrscheinlich noch keine Auswirkungen.

Am nächsten Tag auch nicht, und in einer Woche ebenfalls kaum.

Die Korrektur wirkt nur langfristig!!

Wenn du ab heute positiv denkst, bedeutet das nicht, daß sich auch ab heute dein Leben positiv verändert.

Genauso wie es einige Zeit gebraucht hat, um die entsprechenden Programme zu installieren, genauso wie es einige Zeit gebraucht hat, um die schwarzen Kugeln und auch die weißen Kugeln in dein Unterbewußtsein hineinzugeben, genauso lange braucht es auch, bis du die Veränderung des Endergebnisses spürst.

Mit jedem Tag mehr an weißen Kugeln wird sich dein Schicksal eher zum weißen Bereich hinbewegen.

Eine totale Lebensumstellung ist erst dann gelungen, wenn in deinem (Unterbewußtseins-) Behälter wesentlich mehr weiße als schwarze Kugeln vorhanden sind.

Ich habe schon vor fünfundzwanzig Jahren mit den damals bekannten Büchern von Dr. Murphy und anderen Autoren begonnen, mich mit positivem Denken zu beschäftigen, habe aber diese Zusammenhänge des Zeitfaktors nicht gekannt, sie auch in keinem dieser Bücher gefunden und daher nach einiger Zeit entmutigt wieder aufgegeben.

Erst als mir diese Gesamtzusammenhänge klar wurden, konnte ich mit dem Instrumentarium Gedankenkraft wirklich arbeiten.

Denkst du positiv oder negativ?

Viele Seminarteilnehmer/Innen fragen mich immer wieder: „Wie weiß ich denn, ob ich überwiegend positiv oder negativ denke?"

Das ist eine sehr gute Frage, weil natürlich sehr viele Menschen die Tendenz haben, sich selber etwas vorzumachen.

Was für eine Grundeinstellung hast du zum Leben?

Der Positive
sieht in jeder Schwierigkeit
eine Möglichkeit.

Der Negative
sieht in jeder Möglichkeit
eine Schwierigkeit.

Die Gedanken-Analyse

Dies ist eine ganz bewährte Methode, um sich über seine Gedankenwelt Klarheit zu verschaffen.
Mach eine ein- bis zweiwöchige Gedanken-Analyse, die wie folgt funktioniert:
Produziere ca. 10 Kärtchen in Visitenkartengröße, auf die du das Wort **IST** schreibst. IST für Ist-Zustand.

Diese Kärtchen plazierst du überall dorthin, wo du sicher bist, daß du im Laufe des Tages hinschauen wirst, also auf den Badezimmerspiegel, in die Schreibtischlade, Geldtasche, Kosmetiktasche, im Auto, etc.
Und jedes Mal, wenn du auf so ein Kärtchen siehst, sagst du innerlich „Stop“ und fragst dich: Habe ich in diesem Moment eher positiv oder eher negativ gedacht?

Du brauchst jetzt noch gar nichts verändern, es geht nur darum, daß du einmal feststellst, für dich selber, zu wieviel Prozent denke ich denn eigentlich positiv oder auch negativ?

Als ich das erste Mal von dieser Methode erfuhr, war ich felsenfest davon überzeugt, daß ich doch ein starker Positivdenker bin.
Diese Kärtchen haben mir aber die Augen geöffnet. Ich hätte nie geglaubt, wie oft ich im Laufe eines Tages tatsächlich negativ gedacht habe …

AKTION UND REAKTION

Jeder positive Gedanke ist eine von dir ausgesendete Energie.

Nach dem Gesetz von Aktion und Reaktion bedeutet das, du erntest ebenfalls positive Energie, – im gleichen Ausmaß und in der gleichen Intensität, wie du diese positive Energie ausgesendet hast

Das Gleiche gilt natürlich auch für negative Gedanken. Wann immer du einen negativen Gedanken aussendest, wirst du in gleichem Ausmaß diese negative Energie ernten.

Das bedeutet, je öfter du negativ denkst, umso mehr schädigst du dich selbst!

Das ist übrigens in der Bibel (*Galater 6,7*) nachzulesen.

Was der Mensch sät, das wird er ernten.

Wenn du im Frühjahr Sonnenblumenkerne aussäst, dann weißt du genau, mit etwas Glück wirst du im Herbst Sonnenblumen ernten. Du erwartest nicht, daß daraus Zuckerrüben entstehen.

Bei unseren Gedanken gelten die gleichen Gesetzmäßigkeiten. Wenn wir uns selbst Gutes tun wollen, dann sollten wir gute Gedanken aussenden.

Dieses wichtige Gesetz von Aktion und Reaktion ist ein kosmisches Gesetz.

Kosmische Gesetze unterliegen nicht der Moral, kosmische Gesetze wirken genauso präzise wie die uns bekannten physikalischen Gesetze, wie zum Beispiel das Gravitationsgesetz.

Wenn du einen Bleistift fallen läßt, dann strebt dieser ganz automatisch dem Erdmittelpunkt zu, weil er dem Gesetz der Schwerkraft unterliegt.

Beim Gesetz von Aktion und Reaktion gilt:

Was immer du auch aussendest, bekommst du zurück.

Jeder bekommt das,
was er verursacht,
aber nur der Erfolgreiche
gibt es auch zu!

Schicksals-Verteilungsstelle?

Dieses großartige System rückt auch das Gottesbild wieder ins rechte Lot.

Viele haben ein sehr primitives Gottesbild noch aus der Kindheit. Sie stellen sich den lieben Gott auf Wolke 17 vor, der dort oben thront und jetzt die Schicksale von einigen Milliarden Menschen regelt.
Mit dieser Primitivvorstellung begeht man meiner Meinung nach Blasphemie.
Der liebe Gott ist nicht dazu da, um für uns Schicksal zu spielen, sondern der liebe Gott, die Urkraft von allem, der Schöpfer des Universums, wie immer du das nennen willst, hat dieses Universum in eine großartige Gesetzmäßigkeit gegossen.

Das gesamte Universum besteht aus präziser Gesetzmäßigkeit. Aus einer Gesetzmäßigkeit, die, – man kann es in seiner Größe kaum erfassen und daher auch nur sehr unzureichend ausdrücken –, aus **Harmonie** besteht.

Nicht umsonst hat schon Johannes Kepler von der „*Harmonie des Weltalls*“ gesprochen.

Es geht also hier um präzise, harmonische Gesetzmäßigkeiten, und der weise Schöpfer hat uns freigestellt, wie wir mit diesen Gesetzmäßigkeiten umgehen. Das ist unsere persönliche Freiheit.

Das Prinzip heißt: Wenn du das tust, erntest du das. Und wenn du dies tust, erntest du dies.

In der Bibel steht:

Was du den geringsten
meiner Brüder getan hast,
das hast du mir getan.

Es drückt ganz genau das Gesetz von Aktion und Reaktion, in anderer Form, aus.

Was immer du tust, du setzt eine Ursache und wirst aufgrund dieser Ursache die Wirkung erfahren.

Wenn du etwas gegen jemand anderen tust, was immer das auch ist, dann wirst du aufgrund deiner Aktion die Reaktion bekommen.

Oder positv ausgedrückt: je mehr du für andere tust, umso mehr tust du letztendlich für dich selbst.

DER SCHLÜSSEL ZUM PERSÖNLICHEN ERFOLG

Unser Leben entscheiden zwei wesentliche Faktoren.

1.) **Die inneren Programme**,
die wir aufgrund unseres Elternhauses, unserer Umgebung und unserer Erziehung bekommen haben.

Diese inneren Programme bilden unsere Glaubenssätze. Das, was wir mögen, was wir nicht mögen, was wir akzeptieren und nicht akzeptieren, usw.

Es handelt sich also, in der Computersprache ausgedrückt, um unser inneres Betriebssystem.
Aufgrund unseres Betriebssystems nehmen wir die Welt in einer bestimmten Art und Weise wahr. Wir nehmen die Welt nie so wahr, wie sie ist, sondern immer nur nach unserem inneren Betriebs/Glaubenssystem.

2.) Die Kraft der eigenen Gedanken.
Damit haben wir eine Korrekturmoglichkeit für unser Schicksal.

Beide Systeme zusammen, das Betriebssystem und unsere Gedanken, bilden letztendlich einen Großteil unseres Schicksals.
Das energetische Feld, das sich aufgrund dieser beiden Systeme im Inneren ergibt, findet gleichzeitig im Außen seine Entsprechung.

Das bedeutet, die eigene Energie im Inneren sucht sich eine entsprechende Konstellation im Außen.

Das sind unsere Lebensumstände.

Wenn jemand aufgrund seines inneren Systems, seiner inneren Bilder überzeugt ist, ein sportlicher Typ zu sein, dann wird das in seinem Leben immer wieder zutreffen.

Wenn jemand aufgrund seiner inneren Bilder überzeugt ist, ein Verlierertyp zu sein, dann wird auch das zutreffen.

Wenn jemand aufgrund seiner inneren Bilder überzeugt ist, ein Gewinnertyp zu sein, dann handelt es sich um einen Menschen, von dem man sagt: der hat goldene Hände, – alles was er anfaßt, wird zu Gold.

Ich kenne einige Unternehmer, die es dadurch zu großem Reichtum gebracht haben. Wohlgemerkt, nicht durch übertriebenen Fleiß oder Intelligenz, sondern durch die felsenfeste innere Einstellung „ ich werde gewinnen!“

Wir haben die Möglichkeit, eine Korrektur unseres Schicksals durchzuführen, indem wir unsere inneren Bilder verändern.

ANLEITUNG ZUM GLÜCKLICHSEIN

Die Anleitung zum Loslassen ist die Anleitung zum Glücklichsein.

Aus dem Polaritätsgesetz ergibt sich folgende Regel:

Anerkenne den Ist-Zustand!

Wann immer du einen Ist-Zustand nicht akzeptierst oder bekämpfst, verlierst du deine persönliche Energie.

Wenn du den Ist-Zustand jedoch anerkennst, gewinnst du so viel Energie, daß du die Kraft hast, aus jedem unangenehmen Zustand herauszukommen.

Vor kurzem habe ich im Fernsehen den Erlebnisbericht eines ehemaligen KZ-Häftlings gesehen.
Er schilderte ganz plastisch, daß diejenigen Häftlinge, die sich gegen ihr schlimmes Schicksal permanent auflehnten, am schnellsten mit ihren Kräften am Ende waren.
Diejenigen, die ihr schreckliches Schicksal innerlich akzeptierten, hatten durch diesen Energiegewinn die Chance, das Beste aus ihrer äußerst schlimmen Lage zu machen. Das war die Grundvoraussetzung für das Überleben.

Auch ich habe es in meinem Leben immer und immer wieder erlebt: Wenn ich in einer sehr schwierigen Situation war, dann hat jede Auflehnung dagegen dazu geführt, daß ich noch schwächer wurde, ich scheinbar noch tiefer in diese unangenehme Situation hinein-gerutscht bin.

Wann immer es mir gelungen ist, die jeweils mißliche Lage anzuerkennen, ab dem Moment haben sich wieder Energiereserven in mir gebildet, die es mir ermöglichten, mit entsprechenden Handlungen aus dieser unange-nehmen Situation herauszukommen.

Das gilt für alle schwierigen Situationen des Lebens.

Das gilt selbstverständlich auch für jede Krankheit. Gesundheit kann erst dann beginnen, wenn man in der Lage ist, seine Krankheit anzunehmen, anzuerkennen.

Die gleiche Erfahrung mache ich auch bei meinen Mentaltrainings, die sich unter anderem auch mit der Gewichtsabnahme befassen.
Abnehmen gelingt immer erst dann, wenn die Betroffenen anerkennen, daß sie zu dick sind und auch dazu stehen, daß sie zu viele Kilos haben. Übergewicht als Folge von Handlungen, die man selber gesetzt hat.

Wenn man abnehmen möchte, ist die wichtigste Frage: Welche Handlungen führen dazu, daß ich mein Gewicht verlieren kann?

Solange der Kampf gegen den Ist-Zustand andauert, gibt es aus – meiner Erfahrung heraus – keinerlei Chance, aus dem verhängnisvollen Kreislauf herauszukommen.
Erst ab dem Moment der Anerkennung des Ist-Zustandes ist eine Trendwende möglich.

In der Wirtschaft steht die Ist-Analyse am Beginn jeder

Beratungstätigkeit. Jeder Unternehmensberater beginnt bei der Erhebung des Ist-Zustandes. Erst nachdem der Ist-Zustand anerkannt wurde, ist es möglich, für einen entsprechenden Soll-Zustand zu sorgen.

Eine ganz erhebliche Bedeutung hat das auch bei unseren Ängsten. Solange ich gegen meine Ängste kämpfe, werden sie sich eher vergrößern als verkleinern. Erst in dem Moment, wo man zu seinen Ängsten steht, in dem Moment, wo man den Mut hat, seine Angst anzuschauen, gibt es eine Linderung.

Ich werde im Kapitel „Ängste“ diesen Aspekt noch genauer beleuchten.

Viele Ängste beunruhigen uns, weil wir uns nicht getrauen, der Angst ganz konkret ins Auge zu sehen.

Ein Beispiel möge das verdeutlichen:
Einer meiner Seminarteilnehmer litt jahrelang unter Existenzangst. Er berichtete mir, daß er schon seit Jahren erhebliche Zahlungsschwierigkeiten habe und in der permanenten Angst lebe, daß sich diese „Loch-auf-Loch-zu-Methode“ irgendwann nicht mehr ausgehen werde. Das hat bei ihm nicht nur zu extremer Nervosität geführt, sondern auch zu einer ganzen Reihe von körperlichen Zuständen, Krankheiten, Depressionen.

Im Zuge eines Seminars gab ich ihm den Rat, sich doch einfach der Tatsache zu stellen und eine Tabelle anzufertigen, um festzustellen, um wieviel sich seine finanzielle Situation im Monat tatsächlich nicht ausgeht.

Der Seminarteilnehmer hatte den Mut, aufgrund dieses Gespräches, sich hinzusetzen, und seine finanzielle Situation aufzulisten. Und siehe da, er stellte fest, daß er sich seit Jahren völlig umsonst so große Sorgen gemacht hatte.

Der Kassasturz ergab nämlich, daß es sich um gar keinen großen Betrag handelte, der ihm fehlte, sondern um eine Summe, die so gering war, daß er sich sofort daran machte, durch einen Nebenjob dieses Loch auszugleichen.

Er erzählte mir, daß er ab diesem konkreten Augenblick spürte, wie ein großer Felsbrocken, der bisher auf seinem Herzen gelastet hatte, von ihm fiel.

Auch äußerlich war er in Kürze ein ganz anderer Mensch geworden. Seine Mimik, seine Gestik verrieten Elan und Stärke.

Und das alles, weil er den Mut hatte, seiner Angst ganz konkret auf den Grund zu gehen, nicht mehr länger vor dem Ist-Zustand zu flüchten, sondern einmal festzustellen: wie ist denn eigentlich mein Ist-Zustand, wie steht es denn tatsächlich um mich?

Für schwierige Fälle hat Dale Carnegie ein sehr wirksames Mittel propagiert: Stell dir einfach vor, was im schlechtesten Fall passieren kann…

Und auch in diesem Fall wirst du feststellen, daß das nicht einem Weltuntergang gleichkommt, daß das vielleicht unangenehm sein kann, daß das vielleicht blamabel sein kann, aber daß du auch diesen schlechtesten Fall durchstehen kannst.

Und wenn du dich das einmal getraut hast vorzustellen, dann spürst du, wie langsam die Ruhe in dir wächst, wie du wieder neue Energien gewinnst. Und mit diesen neuen Energien kannst du die vorhandene Situation anpacken und verbessern.

Die Anerkennung des Ist-Zustandes führt also in jedem Fall zu einer direkten Erhöhung unserer Energie. Das Umgekehrte gilt natürlich genauso. Je mehr man mit seinem Schicksal hadert, je mehr man seinen bestehenden Ist-Zustand bekämpft, umso weniger Energie bleibt übrig.

Das gilt für jede persönliche Situation, auch für die Partnerschaft.

Ich kenne unzählige Menschen, die berichten, solange sie die Situation „ich bin Single“ (zum Beispiel nach einer Scheidung) bekämpften, solange sie krampfhaft versuchten, einen neuen Partner zu finden, solange ging das schief, und sie wurden ununterbrochen enttäuscht.

Erst ab dem Zeitpunkt des Loslassens, ab dem sie sich scheinbar in ihr Schicksal ergeben hatten, erst ab dem Zeitpunkt, ab dem sie nicht mehr krampfhaft eine neue Partnerschaft suchten, ab diesem Moment ist der neue Partner aufgetaucht.

Von der Polarität aus betrachtet, heißt das, mit dem krampfhaften Festhalten an der Partnersuche kann das Leben nicht mehr frei fließen, ist der Fluß des Lebens gestört. Erst wenn es gelingt, gegen den Ist-Zustand nicht mehr anzukämpfen und den Ist-Zustand zu akzeptieren, ist der freie Fluß des Lebens wieder gegeben, und das Leben bietet die Fülle, – wenn wir es zulassen!

Ich sah vor kurzem im Fernsehen ein Interview mit einer bekannten Pop-Gruppe. Diese Band hatte 10 Jahre lang versucht, populär zu werden. Alles wurde versucht, nichts gelang. Als die Gruppe intern beschloß, sich aufzulösen (der Zeitpunkt des Loslassens!) kamen die ersten wirklich lukrativen Angebote, heute sind sie weltweit auf Tournee und Plattenmillionäre!

Das Loslassen hilft auch bei der Vergangenheitsbewältigung.

Viele Menschen haben viel zu wenig Energie im Alltag, weil sie immer wieder von Schuldgefühlen eingeholt werden. Schuldgefühle hat man deshalb, weil man seine Vergangenheit, so wie sie eben gewesen ist, nicht akzeptiert.

Auch hier wird der Ist-Zustand – aus welchen Gründen auch immer – nicht anerkannt, und das führt automatisch zu Energieverlust.

Das Thema Schuldgefühle wird im entsprechenden Kapitel ausführlich behandelt.

Die persönliche Energiebilanz

Nütze die Gelegenheit, einmal deine persönliche Energiebilanz zu ziehen und festzustellen: in welchem Bereich meines Lebens bin ich denn – im Sinne der Polarität – schief? In welchem Bereich verliere ich Energie?

Mach bitte eine kurze Gewissenserforschung:

1) Welchen Ist-Zustand akzeptiere ich nicht?

2) Gegen welchen Ist-Zustand kämpfe ich?

Mach eine Liste davon. Nimm dir eine Stunde Zeit.

Du hast jetzt ganz wesentliche Energieblockaden erkannt.

Seminarteilnehmer/Innen berichten mir, daß sie nach Auflösung dieser Blockaden viel mehr Energie zur Verfügung hatten. Eine große Energiemenge, die bisher verhindert hat, daß man sein Leben frei gestalten kann.

Loslassen bringt immer Erfolg!

Sehr viele Menschen machen Erfahrung mit der positiven Kraft des Loslassens, ohne diese eindeutig diesem Thema zuordnen zu können. Man sagt dann sehr häufig „ein komischer Zufall"!

So hat mir zum Beispiel Monika W., eine Seminarteilnehmerin, berichtet, daß sie 15 Jahre lang darunter gelitten hatte, keine Kinder zu bekommen. Obwohl sie und ihr Partner körperlich gesund waren, blieb der Kindersegen aus. Auch alle ärztlichen Bemühungen blieben erfolglos. Erst als sich dieses Paar in sein Schicksal fügte, kinderlos zu bleiben, in dem Moment also, als sie den Ist-Zustand akzeptierten, passierte das große Wunder des Lebens, Monika W. wurde schwanger und brachte ein gesundes Kind zur Welt.

Selbst bei schwersten Schicksalsschlägen ist das Loslassen oft die einzig brauchbare Lösung.

Robert F., ein zweiunddreißigjähriger technischer Angestellter, verunglückte bei einem Wochenendausflug mit seiner Maschine so schwer, daß er sich nur mehr im Rollstuhl fortbewegen konnte.

Robert schilderte mir, wie verzweifelt er am Anfang war, als er die Gewißheit bekam, nie wieder gehen zu können. Er haderte mit seinem Schicksal, dadurch wurde sein körperlicher Zustand immer schlechter.

Irgendwann, in seiner tiefsten Verzweiflung, stellte sich Robert seiner Ist-Situation. „Ab dem Moment," – erzählte er mir – „an dem ich feststellte, daß das nun einmal meine Situation ist, daß es gar keinen Sinn hat, mich dagegen aufzulehnen, ab dem Moment also, an dem ich meinen momentanen Zustand akzeptierte, faßte ich wieder neuen Mut und stürzte mich mit Enerige in ein Rehabilitationsprogramm."

Robert F. ist heute erfolgreicher Besitzer eines technischen Büros, trotz Rollstuhl ist er sehr sportlich. Er meistert sein Leben.

Volker S. hatte ein gutgehendes Geschäft. Da er stark expandierte, nahm er sich einen Kompagnon. Volker war der Vertriebsmann der Firma. Er verstand nicht sehr viel von Buchhaltung, sodaß es seinem Partner gelang, die Firma – ohne Wissen von Volker – in den Ruin zu treiben. Und dann, mit 43 Jahren, stand Volker vor dem totalen Aus. Das Einzige, was ihn davon abhielt, seinem Leben ein Ende zu machen, waren seine beiden Kinder im Alter von 4 und 9 Jahren.

Volker S. schilderte mir die dramatische Situation: „Wochenlang konnte ich nicht schlafen, ich fühlte mich wie ein gehetztes Tier. Ich wußte nicht, wie ich den nächsten Monat überstehen sollte."

Als die Verzweiflung am größten war, kam Volker S. zu mir und bat um meinen Rat. Ich empfahl ihm, den Grundstein für sein neues Leben zu legen, indem er seinen Ist-Zustand akzeptierte. Volker war den ganzen Abend bei mir. Beim Abschied hatte ich das Gefühl, daß meine Bemühungen nichts gefruchtet hatten.

Am nächsten Tag rief mich Volker S. an und sagte, er habe sich dieses Loslassen die ganze Nacht überlegt, und heute in der Früh habe er beschlossen, seine Situation, zu akzeptieren, so wie sie eben jetzt ist.

„Ich habe eingesehen, daß es nichts nützt, wenn ich mich innerlich auflehne“, sagte er mir noch. Er erzählte mir auch, daß er zum ersten Mal seit Wochen innere Ruhe verspüre.

Genau an diesem Tag erhielt er ein Angebot eines Interessenten, der an der Fortführung seines Betriebes interessiert war.

Heute ist es ein bestens florierendes Unternehmen, das in der Zwischenzeit den Umsatz vervielfachen konnte.

Der Beginn der Veränderung war das Loslassen!

Warum Loslassen Energiegewinn bringt

Wie wir aus diesen Beispielen gesehen haben, bringt es uns genau in dem Moment jede Menge Energie, in dem es uns gelingt, tatsächlich – ohne Wenn und Aber – loszulassen.

Woher kommt diese Energie?

Sie ist von vornherein in jedem von uns vorhanden, wir haben nur durch unsere falsche innere Einstellung zu den Lebensumständen diese Energie blockiert; manchmal jahrelang blockiert, sodaß es hier zu einem Stau gekommen ist.

Das Prinzip kann man vergleichen mit Akupunktur. Hier passiert Ähnliches.

Denn Loslassen bedeutet nichts anderes als das Setzen einer Nadel an einen bestimmten Punkt, das Freimachen von Blockaden, sodaß Energie wieder fließen kann.

Unsere Lebensqualität steigt im selben Maße, wie wir loslassen können.

PSYCHOHYGIENE – das Schicksalsveränderungsprogramm

Mit diesem Programm kannst du dein Leben nachhaltig verändern!

Was du dazu benötigst, ist eine tägliche Viertelstunde, in der du dich zurückziehst.

Der Tag hat 1440 Minuten,
1 Prozent des Tages
solltest du der Korrektur deines Schicksals widmen.

Wer glaubt, auch dafür nicht genug Zeit zu haben, der muß halt akzeptieren, was das Schicksal ihm bringt.

Von Erhard F. Freitag stammt der treffende Spruch:

Sorge dafür, daß das kommt, was du liebst,
sonst muß du lieben, was da kommt.

Diese 15 Minuten solltest du dir am Abend nehmen, am besten vor dem Zubettgehen.

Ziehe dich zurück, halte inne, erlebe geistig den Tag noch einmal, so wie er gewesen ist. Lasse also deinen inneren Film – „das war mein heutiger Tag" – noch einmal ablaufen.

Und immer dann, wenn eine Szene auftaucht, wo du feststellst: da habe ich mich nicht optimal verhalten, – da war ich zornig, da war ich ungerecht, da war ich zu laut, da war ich zu leise, da war ich jähzornig, was auch immer –, dann korrigiere geistig diese Szene.

Du bist dein eigener Filmregisseur und korrigierst die Szene so, als ob du dich optimal und souverän verhalten hättest. Du arbeitest an dieser Szene so lange, bis du dir innerlich sagen kannst: das ist gut so, so habe ich mich optimal verhalten. Also so lange, bis sich deine Emotionen gelegt haben und dein Herz nicht mehr vor Aufregung klopft.

Du hast jetzt in dir ein neues Bild aufgebaut, und damit beschließt du den Tag.

Was passiert dadurch? Durch dieses Umerleben gibst du deinem Unterbewußtsein neue Bilder. Je öfter du deinem Unterbewußtsein neue Bilder eingibst, um so sicherer wird das dein neues Programm.

Programme entstehen im Unterbewußtsein durch Wiederholung. Wenn du diese neuen Bilder so lange einspeicherst, bis sie ein selbständiges Programm geworden sind, dann hast du dein Schicksal nachhaltig korrigiert!

Wir sind geistige Wiederkäuer. Das heißt, wir denken zu 90 Prozent jeden Tag immer wieder das Gleiche, gemäß unseren inneren Programmen.

Wenn eines der inneren Programme nun Jähzorn ist, dann schaltet das Gehirn in bestimmten Situationen automatisch immer wieder auf Jähzorn.

Wenn aber das innere Programm lautet: ich bin ruhig und gelassen, dann schaltet das Gehirn, gemäß diesem inneren Programm, immer wieder auf Ruhe und Gelassenheit.

Je öfter man das denkt, um so sicherer wird sich dieses Denkmuster auch im Leben tatsächlich verwirklichen. Und dieses innere Programm wiederholt sich nun automatisch und ohne Anstrengung jeden Tag.

Man kann mit dieser Methode alle negativen Charaktereigenschaften korrigieren.

Gottfried Keller hat die Gesamtzusammenhänge dieses Denkens erkannt:

Wer heute einen Gedanken sät,
erntet morgen die Tat,
übermorgen die Gewohnheit,
danach den Charakter,
und endlich sein Schicksal.

DIE RESONANZ

Die innere Struktur hat eine Reaktion in der Außenwelt zur Folge.

Jeder hat das schon einmal miterlebt. Je mißmutiger man auf seine Mitmenschen zugeht, umso mißmutiger reagieren sie. Je kämpferischer man auf seine Mitmenschen zugeht, umso kämpferischer sind sie.

Man bezeichnet das als Ausstrahlung, die wir aussenden.

Wir sind Sender. Und jeder, der in unseren Wellenbereich kommt, reagiert auf diese Wellenlänge.

Ich habe das selbst intensiv erlebt. Bereits als Kind war ich sehr jähzornig, genau wie mein Vater und auch mein Großvater.

Menschen, die die Gesamtzusammenhänge nicht kennen, würden hier von einer Art Vererbung sprechen. Ich weiß heute, daß es innere Programme sind, die weitergegeben wurden.

Dieser Jähzorn setzte sich auch in meinem Erwachsenenleben fort. Ich war sehr leicht aufgebracht und auch aggressiv.
Kaum befuhr ich beispielsweise die Autobahn, gab es irgendwo einen „Feind“, der mich unmöglich überholte, mich schnitt oder sich sonst irgendwie agressiv benahm. Das führte zu manch gefährlicher Situation, weil ich mir das partout nicht gefallen lassen wollte.

Heute weiß ich, daß ich selber der eigentliche Verursacher dieser Situationen war. Denn als ich mir diesen Jähzorn abgewöhnt hatte, – mit Hilfe des Programms Psychohygiene, das ich in diesem Buch vorstelle, waren schlagartig die agressiven Typen auf der Autobahn völlig verschwunden.

Heute fahre ich ein Auto, das dreimal soviel PS hat wie damals, und trotzdem ist alles ruhig und friedlich, wenn ich unterwegs bin. Denn das alles war damals nur eine Resonanz von mir, von meinem inneren Zustand.

Deutlich beobachten kann man diese Wirkung auch bei Gruppen. Da sitzen einige Leute beisammen und sind guter Stimmung.

Auf einmal taucht einer auf mit einer negativen Schwingung (muß nicht unbedingt der Chef sein), und schon ist die ganze Stimmung weg, so als ob man die Luft aus einem Ballon herausgelassen hätte.

Das Ganze ist Gottseidank auch umgekehrt zu beobachten. Ein paar Menschen sitzen beisammen und lassen die Köpfe hängen. Da kommt einer dazu, sagt Kopf hoch und fängt zu lachen an, erzählt vielleicht einen Witz, und die Stimmung ist wieder da.

Wie innen so außen

Tatsächlich beeinflußt das Innenleben die Umgebung, und zwar im Verhältnis eins zu eins.

In der Esoterik heißt der Leitsatz

Wie innen so außen

Das heißt, die äußeren Umstände bilden sich nach dem inneren Spiegelbild.

Daher ist aufgrund der äußeren Lebensumstände auch sofort erkennbar, wo etwas (im Inneren) nicht im Lot ist, wo etwas nicht stimmt, wo etwas nicht stimmig ist. Diese äußeren Lebensumstände werfen nur mein Spiegelbild zurück. Dadurch habe ich auch die Möglichkeit der Selbst-Erkenntnis.

Man kann das mit einem Diaprojektor vergleichen. Der innere Zustand ist das Dia, das Bild selber erscheint im Außen auf einer Leinwand.
Niemand käme auf die Idee, wenn ihm dieses Dia nicht gefällt, auf der Fotoleinwand herumzumalen.
Im Leben versuchen viele aber genau das!

Der Vergleich gilt auch für unser Spiegelbild. Wenn uns unser Spiegelbild nicht gefällt, dann nützt es nichts, wenn wir Korrekturen am Spiegel vornehmen.
Wenn uns unser Spiegelbild nicht gefällt, dann gibt es nur eine einzige Chance, das Original zu verändern!

Was an diesem Beispiel so einfach aussieht, ist für viele

Menschen nur sehr schwer zu akzeptieren, nämlich daß die Lebensumstände, die manchmal sehr schwierig sind, nicht von irgend jemandem erfunden wurden, um uns zu unterdrücken oder zu schaden, sondern ganz im Gegenteil: daß diese Lebensumstände nur ein Bild unserer inneren Zustände sind, und daß der Ansatzpunkt bei diesen inneren Zuständen liegt.

Viele Menschen versuchen ihre Situation ununterbrochen im Außen zu verändern.
Sie verändern ihren Wohnort, sie verändern ihren Lebenspartner, sie verändern ihren Job, um entsetzt festzustellen, daß sich letztendlich kaum etwas geändert hat. Man sagt dann, „ich bin vom Regen in die Traufe gekommen".

Die Wahrheit aber ist, wenn man sich im Inneren nicht verändert, dann nützt auch die Flucht ans andere Ende der Welt nichts.
Die Situationen bleiben die gleichen. Was sich verändert, ist lediglich die Landschaft.

Was tun, wenn einem das eigene Spiegelbild nicht gefällt?

Auch hier finden wir die Lösung durch das Polaritäts-Prinzip.

Solange man gegen seine äußeren Umstände ankämpft, verliert man jede Menge Energie, und dadurch hat man nicht genügend Kraft, diese Umstände zu verändern.

Sobald es jedoch gelingt, seine äußeren Umstände zu akzeptieren, hat man genug Energie, um eine Veränderung im Inneren durchzuführen, und diese innere Veränderung bewirkt dann auch eine Veränderung im Außen.

Botschaft und Botschafter

Die Lebensumstände oder auch die Menschen, die auf uns zukommen, sind Botschafter, auch wenn sie manchmal unangenehm sein können.
Botschafter, die uns etwas mitzuteilen haben. Wenn wir bereit sind, darauf zu hören, dann bringt uns die Annahme dieser Botschaften ein gehöriges Stück in unserer persönlichen Entwicklung weiter.

Sehr oft unterscheiden wir aus emotionellen Gründen nicht zwischen der Botschaft und dem Botschafter.
„Wenn der das sagt, dann zählt das für mich nicht", ist ein typisches Beispiel dafür.

Wir sollten viel mehr auf die Botschaft achten, die hinter jeder Begegnung steht. Dadurch erhalten wir ganz besonders wertvolle Hinweise für unser persönliches Leben.

Es kommt auf die innere Ausstrahlung an!

Wenn wir doch endlich begreifen wollten, daß das Leben uns nur dienen will! Daß es uns nichts Böses will, daß alles unserer Entwicklung dient, daß jeder Lebensumstand nur deswegen so ist, damit wir daran wachsen können!

Als mir dieser Gesamtzusammenhang klar geworden ist, habe ich diese Prinzipien auch im Berufsleben angewendet. In meiner Managementtätigkeit hatte ich einmal einen Kollegen, den ich lange Zeit absolut nicht leiden konnte.

Schon wie der aussah, seine laute Stimme, sein dröhnendes Gelächter, das alles störte mich unglaublich. Daher gab es zwischen uns auch oft Streit, gegensätzliche Meinungen und gegenseitige Blockaden.

Im Verlauf meiner persönlichen Entwicklung wurde mir schließlich bewußt, daß – wenn die Prinzipien stimmen, wie sie in diesem Buch angeführt sind –, das Grundproblem ja tatsächlich bei mir liegen muß und nicht beim anderen.

Diese Erkenntnis ist besonders schwierig und manchmal auch schmerzhaft.

Als ich mich dazu durchgerungen hatte, diese Tatsache anzuerkennen, war schon die meiste Arbeit getan. Es wurde mir bewußt, daß der andere nur ein Botschafter für mich ist, ein für mich im Moment noch unangenehmer Botschafter.

Als es mir gelang, diesen Menschen zu akzeptieren, wie er ist, geschah im gleichen Moment ein für mich heute noch ganz großes Wunder, von dessen Wirkung ich zuerst direkt erschrocken war.

Dieser unangenehme Mensch war beim nächsten Treffen plötzlich nett, höflich, zuvorkommend und angenehm. Ich war beinahe sprachlos vor Verblüffung.

Des Rätsels Lösung: Ich hatte meine innere Schwingung verändert, diese geänderte Schwingung hatte einen Einfluß auf mein Gegenüber, und dieses Gegenüber reagierte sofort.

Es klingt unglaublich, ist aber wahr, ab diesem Moment hatten wir ein sehr gutes Einvernehmen und konnten künftige Projekte sehr kreativ miteinander bearbeiten.

Ob dieser Zustand angehalten hat? Nicht immer, manchmal fiel ich aus der Rolle, nämlich zurück in meine alten Denk- und Verhaltensmuster.

Aber ich hatte gelernt, das zu korrigieren, und jedes Mal wieder geschah das Wunder, daß mein Gegenüber sofort dementsprechend reagierte.

Schwingung ist spürbar und wirkt immer

Bei Tieren ist das ein anerkanntes Phänomen, und jeder kennt das.
Sobald man Angst vor einem Tier hat, spürt dieses Tier das und reagiert entsprechend. Es spürt also unsere Schwingung.

Tante Maria kam jedes Jahr einmal zu uns zu Besuch. Nach dem Mittagessen gab es einen kleinen Spaziergang.

In unserer Nachbarschaft wohnte ein schöner, großer, schwarzer Hund namens Barry, ein besonders gutmütiges Exemplar. Er tat niemandem etwas zuleide, nicht einmal den Katzen unserer Umgebung.

Wir schlendern die Straße entlang, unser Nachbarhund Barry kommt uns entgegen, – wie so oft –, er entdeckt meine Tante, diese erstarrt vor Schreck, Barry geht hin und kneift sie tatsächlich in die Hüfte.

Damit bekam meine Tante genau das bestätigt, was sie schon immer gewußt hatte: alle Hunde sind reißende Bestien!

Ich war in meiner Zeit als Manager auch für Personaleinstellungen verantwortlich. In dieser Zeit habe ich einige hundert Bewerbungsgespräche geführt.

Aus dieser Praxis heraus kann ich bestätigen, daß der erste Eindruck tatsächlich sehr wichtig ist.

An der Art, wie jemand die Tür öffnet, an seinem Händedruck, am Glanz seiner Augen, kurzum an seiner Körpersprache, erkennt ein Geübter, ob der Kandidat/die Kandidatin innerlich überzeugt ist, die Stelle bekommen zu können.

Wenn man gelernt hat, diese Signale zu beachten, dann weiß man auch, daß sich Schwingung non-verbal, also ohne Sprache, mitteilt. Und zwar ganz präzise!

Es handelt sich hier um einen sehr wesentlichen Vorgang: Wir bilden aufgrund unseres Innenlebens, mit Hilfe unserer inneren Programme, die uns überliefert wurden, und mit Hilfe unserer eigenen Denkprozesse, eine innere Struktur, und diese innere Struktur ermöglicht es, daß die Struktur gleicher Art im Außen in unser Leben treten kann.

Auch hier gilt wieder: wie innen so außen!

Die Aufforderung „*Wenn du die Welt verändern willst, dann mußt du bei dir selber anfangen*“, hat damit ihre besondere Bedeutung.

Spiegelbilder

Daß die äußeren Umstände ein Spiegelbild der inneren Bilder sind, veranschaulicht das nachstehende Experiment ganz deutlich.

Bereits Ende des vorigen Jahrhunderts, gab es interessierte Wissenschaftler, die sich mit diesem Phänomen der Resonanz beschäftigten.
Dazu gehörte auch ein berühmter englischer Gelehrter, Sir Francis Galton (1822-1911).

Galton war ein Vetter Darwins und einer der klügsten Köpfe seiner Zeit und an mehreren wissenschaftlichen Projekten beteiligt.

Zusammen mit anderen entdeckte er zum Beispiel, daß die Fingerkuppen eines jeden Menschen ganz charakteristische und einmalige Linien aufweisen und daher zur Identifizierung bestens geeignet sind. Diese Tatsache wird von der Polizei heute noch als Erkennungsmethode angewandt!

Damals ging man der Frage nach, ob dieses Prinzip – „*wie innen so außen*“ – auch tatsächlich stimmen könnte.

Daher wurde folgendes Experiment gestartet.
Sir Francis Galton setzte sich hin und konzentrierte sich eine Zeit lang ganz intensiv auf den Gedanken: „Ich bin der meistgehaßte Mann Englands“.

Nachdem er dies gemacht hatte, trat er seinen alltäglichen

Morgenspaziergang an, wobei ihn seine Freunde in entsprechendem Abstand begleiteten, um festzustellen, was nun passieren würde.

Das Experiment berichtet darüber, daß ihm einige Passanten Schimpfwörter zuriefen, oder sich mit Gebärden des Abscheus von ihm wandten.
In der Nähe des Hafens wurde Galton von einem Matrosen angerempelt, sodaß er der Länge nach in den Dreck fiel. Wo immer er hinkam, erntete er böse Blicke und Ablehnung.
Das Überqueren der Straße war ihm beinahe unmöglich, weil es scheinbar alle auf ihn abgesehen hatten und versuchten, ihn rücksichtslos niederzufahren. Sogar auf die Tiere schien sich die Abscheu gegen ihn übertragen zu haben. Denn als er an einem Droschkengaul vorbeikam, schlug dieser aus und trat den Gelehrten in die Hüfte, sodaß dieser erneut zu Boden ging.
Im anschließenden Getümmel ergriffen die Leute für das Pferd Partei, worauf Galton das Weite suchte und in sein Haus zurückkehrte.

Das alles hatte ein inneres Bild bewirkt, das Sir Galton in sich entstehen ließ. Dieses innere Bild verursachte eine Ausstrahlung, die wiederum ein Echo in der Umwelt hervorrief.

Ein Beispiel aus dem Kreis meiner Seminarteilnehmerinnen beleuchtet das gleiche Prinzip auf einer anderen Ebene.

Es handelt sich um eine hübsche junge Dame, die auf der Suche nach einer idealen Partnerschaft war, um eine Familie zu gründen.

Aus irgendwelchen früheren Gründen hatte sich das innere Bild bei ihr gebildet: „Ich habe mit Männern immer nur Pech". Dieses Denkmuster war in der Zwischenzeit so stark geworden, daß es sich im Außen immer wieder manifestierte.
Sie war völlig verzweifelt und konnte nicht verstehen, warum sie mit Männern immer nur Pech hatte.

Es war sehr schwierig, dieser jungen Frau die Gesamtzusammenhänge zu verdeutlichen.
Sie sträubte sich gegen den Gedanken, daß sie selbst, über ihre inneren Programme, der Verursacher ihres Unglücks war.

Erst nachdem es ihr gelang, ihre persönliche Einstellung zu verändern, kam der ideale Partner, nach dem sie sich im Grunde ihres Herzens so lange gesehnt hatte.

Diese junge Dame hatte das Glück, auf die Gesamtzusammenhänge aufmerksam gemacht zu werden.

Tausende von Menschen versuchen aber ausschließlich im Außen ihr Leben zu verändern; um immer wieder zu scheitern.
Sie bewegen sich in einer negativen Spirale. Je öfter dieses Scheitern eintritt, umso stärker wird das innere Bild, und umso schwieriger ist es, aus diesem negativen Kreislauf wieder herauszukommen.

Ruth K. war mit 25 Jahren von Deutschland nach New York gekommen. Sie hatte dort eine Familie gegründet und lebte nunmehr seit 35 Jahren in der Stadt.

Mit ungefähr 55 Jahren wurde sie zum ersten Mal überfallen und ausgeraubt, drei Jahre später wieder, bis die ganze Sache schließlich eskalierte.
Ruth kam auf die stolze Summe von dreißig Überfällen in wenigen Jahren! Was sie schließlich so entnervte, daß sie, obwohl alle ihre Kinder in New York lebten, fluchtartig Amerika verließ und zurück nach Deutschland ging.
Mit dem Ergebnis, daß sie bereits zwei Monate später in Frankfurt wiederum ihrer Handtasche beraubt wurde.

Je stärker das innere Bild ist, umso stärkere Resonanz sendet man nach außen aus, umso höher ist die Wahrscheinlichkeit, daß sich dieses innere Bild tatsächlich verwirklicht.

Ein weiteres Beispiel soll dieses Prinzip noch stärker verdeutlichen.

Meine Familie stammt aus einem abgelegenen Bergdorf in Tirol. In dieser Gegend war es Anfang dieses Jahrhunderts üblich, daß einmal im Jahr eine Wahrsagerin ins Dorf kam.

Die ganze Bevölkerung ließ sich von ihr die Zukunft voraussagen. Darunter auch die Cousine meiner Mutter. Sie war damals 39 Jahre alt, als ihr die Wahrsagerin verkündete: Du wirst mit 50 Jahren sterben.

Was passierte tatsächlich?

Sie starb zwei Tage nach ihrem fünfzigsten Geburtstag, ohne vorher krank gewesen zu sein!

Diese Wahrsagerin hat in unverantwortlicher Art und Weise in ihrem Unterbewußtsein das Bild verankert: „Ich werde nicht älter als 50 Jahre“.

Offensichtlich hat dieses Bild so stark gewirkt, daß sich die Körperfunktionen ganz diesem inneren Bild untergeordnet haben.

ALLES IST MÖGLICH

Wir leben in einer Welt der Möglichkeiten. Es gibt tausende und vielleicht Millionen von Möglichkeiten, die gleichzeitig existieren.
Stellen wir uns vor, unser Geist ist in einer Box.
Außerhalb dieser Box sind die erwähnten Millionen von Möglichkeiten vorhanden.

Wann immer du deine Gedanken auf etwas richtest, beginnst du, symbolisch von innen ein Guckloch in diese Box zu bohren. Dadurch bekommst du jetzt Kontakt mit der Wirklichkeit im Außen, mit der Fülle von Möglichkeiten, die schon immer vorhanden waren. Dein Denken schuf diese Verbindung.

Das führt uns zu einem ganz wichtigen universellen Gesetz, und dieses Gesetz lautet: Worauf man seine Aufmerksamkeit richtet, das bekommt Bedeutung und wächst.

Wenn du deine Aufmerksamkeit auf Erfolg richtest, dann öffnen sich die Möglichkeiten für Erfolg.

Wenn du deine Aufmerksamkeit auf Mißerfolg richtest, dann öffnen sich die Möglichkeiten für Mißerfolg.

Wenn du deine Aufmerksamkeit auf Kampf richtest, dann öffnen sich die Möglichkeiten für Kampf.

Wenn du deine Aufmerksamkeit auf Feindschaft richtest, dann öffnen sich die Möglichkeiten für Feindschaft.

Wenn du deine Aufmerksamkeit auf Glück und Harmonie richtest, dann öffnen sich die Möglichkeiten für Glück und Harmonie.

Auch wenn sich das für manche sehr abstrakt anhört, entspricht das den Erfahrungen der modernen Physik.

Das Beispiel „Licht" bietet uns einen Vergleich mit unserer geistigen Box.
Versuchsreihen bei der Lichtforschung bestätigten eindeutig, daß Licht aus Partikeln (Teilchen) besteht.
Parallele Versuchsreihen kamen aber zu dem gegenteiligen Schluß, nämlich daß Licht aus Wellen besteht.
Trotz Wiederholung dieser Versuche kam immer das gleiche Ergebnis für die jeweilige Forschergruppe heraus.

Wer hatte nun recht?

Die verblüffende Erklärung: **Beide**! Es kommt ausschließlich darauf an, von welcher Voraussetzung man an die Versuchsreihen herangeht (siehe Box!).

Wenn man mit dem Wissen in die Versuche geht, Licht besteht aus Teilchen, dann kommt man tatsächlich zu diesem Ergebnis. Geht man jedoch von der Voraussetzung aus, daß Licht aus Wellen besteht, dann beweisen alle Testergebnisse genau das.

Das Ergebnis hängt also davon ab, worauf ich meine Aufmerksamkeit gerichtet habe!

Es gibt immer mehr Allergiker, und so haben gut meinende Verantwortliche einen Pollenwarndienst eingerichtet, der über Rundfunk aufmerksam macht, wann mit welchen Pollen zu rechnen ist.

Für mich ist klar, daß dieser Pollenwarndienst sehr oft genau das Gegenteil bewirkt, weil damit der arme Allergiker seine Aufmerksamkeit auf die Pollen richtet.

Das Prinzip der Konzentration auf etwas kannst du jederzeit selber ausprobieren.

Konzentriere dich einen Tag lang auf eine Farbe deiner Wahl und denke im Laufe des Tages immer wieder an diese Farbe. Du wirst ganz erstaunt feststellen, daß du sie unglaublich oft siehst.

Das Gleiche passiert auch, wenn du kurz davor stehst, dir ein neues Auto zu kaufen und dich bereits innerlich für eine bestimmte Marke entschieden hast. Ununterbrochen fallen dir Autos genau dieser Marke auf.

2. Teil

Die Praxis des Loslassens

PROBLEME LÖSEN

Schon das Wort **PRO**BLEM deutet darauf hin, daß ein Problem etwas **für** uns ist.

Welchen Sinn haben dann Probleme für uns?

Wir alle sind eingebunden in das Prinzip Evolution. Evolution bedeutet Weiterentwicklung. Jede Pflanze, jedes Tier, jeder Mensch ist zur Weiterentwicklung verpflichtet. Das Prinzip der Weiterentwicklung heißt, man reagiert auf jeden Mangel mit erhöhter Anstrengung.
Und genau das gilt auch für Probleme.
Probleme sollen uns also zu einer Aktion veranlassen, sie sollen uns veranlassen, etwas zu tun.

Jedes Problem ist ein Maßanzug des Lebens. Genau passend für uns, immer genau in der richtigen Größe, in der wir es auch lösen können.

Durch die Lösung eines Problems, – wenn wir also tatsächlich die Arbeit auf uns nehmen und Probleme nicht abschieben –, sind wir sehr stark gefordert, müssen wir Neues probieren, Altes mit Neuem verknüpfen, etc.

Dadurch ist es möglich, unseren Erkenntnisstand zu verbessern und somit auch auf ein neues Erkenntnisniveau zu kommen. Und genau das ist der Sinn der Probleme.

Wann immer wir ein Hindernis überwunden haben, haben wir einen neuen, verbesserten Erkenntnisstand, im spirituellen Sinne ein höheres Bewußtsein, und das wiederum entspricht dem Sinn unseres Schöpfungsauftrages.

Es ist wie beim Bergsteigen: der Aufstieg kostet Schweiß und Kräfte, aber wenn wir das Hindernis überwunden haben, wenn wir also oben stehen, dann haben wir einen ganz anderen Überblick, dann sehen wir Gesamtzusammenhänge, die wir unten niemals gesehen hätten.

Unter diesen Gesichtspunkten kann man Probleme auch als Geschenke des Lebens betrachten. Das Problem ist nur die Verpackung, das Geschenk dahinter ist die Erkenntnis!

Meistens empfindet man jedoch Probleme als negativ und versucht, diese so weit wie möglich wegzuschieben. Das kann sich dann zu einem Problemberg auswachsen. Dann stehen wir davor und wissen nicht mehr ein und aus.

Wann immer wir vor sehr großen Problemen stehen, ist die Ursache immer darin zu suchen, daß wir vorher versucht haben, die kleinen Probleme zu ignorieren, so lange, bis sich dieser Berg eben angehäuft hat. Dann kostet es natürlich besonders viel Energie und Anstrengung, um diesen Berg wieder wegzuschaufeln!

Probleme werden uns nicht von einem anonymen Schicksal von außen aufgedrückt, sondern Probleme stellen eine Aufforderung zu einem Lernschritt dar.

Wir sind in der Schule des Lebens. Und in dieser Schule wird tatsächlich gefordert, daß wir lernen.
Die Polarität sorgt dafür, daß wir immer wieder ein Thema geliefert bekommen, zu dem wir unsere Schulaufgaben erledigen müssen.

Was passiert aber, wenn man diese Schulaufgaben nicht machen möchte? Auch hier ist die Antwort wieder in der Polarität zu finden.

Es gibt immer zwei Lösungsmöglichkeiten:
Die erste Lösungsmöglichkeit heißt: ERKENNTNIS.
Durch das Lösen von Problemen erhöhe ich meinen Erkenntnisstand, meine Bewußtseinsebene.

Die zweite Lösungsmöglichkeit heißt: LEIDEN.
Wenn ich nicht bereit bin, das Problem in Angriff zu nehmen, dann bedeutet das, daß ich bestimmte Dinge erdulden muß, und auch das führt mich wiederum zu einer erhöhten Erkenntnisfähigkeit.

Ganz wichtig ist zu erkennen, daß keine der beiden Lösungsmöglichkeiten als gut oder schlecht, als erstrebenswert oder nicht erstrebenswert angesehen werden darf. Egal, für welche Möglichkeit wir uns entscheiden, beide sind gleichgültig (im Sinne von gleichwertig)!! Und in jedem Fall wirkt das kosmische Gesetz von Aktion und Reaktion.

Ich habe schon oft erlebt, daß Menschen nach einem längeren Krankenhausaufenthalt (Lernschritt Leiden) völlig verändert waren und auch begonnen haben, die Welt ganz neu zu sehen.
Manche haben die Gelegenheit genützt, um ihr Leben zu verändern.

Wenn es gelingt, das Leben aus dieser ganzheitlichen

Sicht zu betrachten, dann bekommen sowohl die Begriffe Probleme als auch Leiden einen ganz anderen Sinn, als wir bisher angenommen haben.

Nach dem Gesetz von Aktion und Reaktion sollen uns diese Aspekte dienen und uns dazu bringen, unseren Seinsauftrag zu erfüllen.
Dieser Seinsauftrag heißt, einen höheren Bewußtseinszustand zu erreichen. Alles in unserem Leben dient diesem Ziel.

Das Leben fördert uns,
indem es uns fordert.

Es gibt keine Probleme, nur Situationen

Durch den Armtest, der in der Kinesiologie verwendet wird, ist nachweisbar, daß das Wort Problem so negativ besetzt ist, daß allein schon durch das Denken an den Begriff „Problem“ die persönliche Energie sinkt.

Hier gibt es eine sehr probate Lösung, die ich auch in zahlreichen Unternehmenstrainings bereits sehr erfolgreich anwenden konnte:
Verwende ab sofort anstatt dem Wort Problem das Wort SITUATION. Situation hat eine neutrale Bedeutung und ist nicht so negativ besetzt wie das Wort Problem.

Stell dir folgendes vor:
Der Firmenchef eröffnet eine Sitzung mit den Worten, „wir müssen uns heute über ein Problem unterhalten“.
Das wirkt auf die Energie aller Beteiligten, als ob man einen Stöpsel aus einer Luftmatratze gezogen hätte.
Ganz anders wirkt das, wenn der Firmenchef die Sitzung einleitet mit: „wir müssen uns heute über folgende Situation unterhalten ...“

Ich habe in diesem Buch bereits mehrmals auf folgendes Prinzip hingewiesen:

Worauf man seine Aufmerksamkeit richtet, das stärkt man, und das beginnt auch zu wachsen.

Wenn du deine Aufmerksamkeit auf Probleme richtest,

dann wirst du überall Probleme finden. Wenn du die Aufmerksamkeit aber auf Lösungen richtest, dann wirst du überall Lösungen finden.

Je länger und je intensiver man über Lösungsmöglichkeiten nachdenkt, und je lockerer man dabei ist, umso mehr Lösungsmöglichkeiten fallen einem ein.
Man richtet die geballte Aufmerksamkeit auf Möglichkeiten, und davon sind immer genug vorhanden.

ERFOLG

Wir übersetzen Erfolg herkömmlich immer mit dem Begriff Geld. Doch das ist viel zu wenig. Ein erfolgreiches Leben setzt sich aus vielen Faktoren zusammen, wie: ein harmonisches Familienleben, eine erfüllte Partnerschaft, echte Freunde, Zeit zu haben für die wirklich wichtigen Dinge des Lebens, einen Beruf der Spaß macht, und vieles andere.
Das ist Erfolg im ganzheitlichen Sinn.

In vielen Erfolgsbüchern und Seminaren wird der Pol Erfolg verstärkt, aber gleichzeitig auch der Gegenpol Mißerfolg bekämpft. Das Endergebnis ist vorprogrammiert: wer den Bereich Mißerfolg ablehnt und bekämpft, drängt ihn in den Schatten, und dieser wird ihm auf auf Schritt und Tritt begegnen.

Selbstverständlich wollen wir alle Erfolg haben, und ebenso selbstverständlich ist es gut, sich auf den Erfolg zu konzentrieren.
Wichtig aber ist, daß man akzeptiert, daß zum Erfolg auch der Mißerfolg dazugehört. Also anzuerkennen, daß es bei jeder Tätigkeit ein gewisses Maß an Mißerfolg gibt, und daß auch dieser Anteil Mißerfolg tatsächlich ein Bestandteil des Erfolges ist.

Wir sollten beim Erfolg auch aufhören, an Märchen zu glauben.

Kein erfolgreicher Mensch, kein erfolgreicher Unternehmer hat ununterbrochen Erfolge.

Der Unterschied zwischen erfolgreich und erfolglos liegt darin, daß der erfolgreiche Mensch es immer wieder versucht. Er läßt sich durch Mißerfolge nicht entmutigen.

Ein gutes Beispiel für überwundene Zweifel und konsequentes Durchhaltevermögen lieferte uns Thomas A. Edison, einer der größten und erfolgreichsten Erfinder aller Zeiten.
Er hat als Entdecker des elektrischen Lichtes unser aller Leben revolutioniert.
Thomas A. Edison mußte tausende von Versuchen durchführen, ehe es ihm gelang, eine funktionsfähige Lampe zu konstruieren.

Beim x-ten mißlungenen Versuch wollten seine Mitarbeiter völlig entmutigt aufgeben. Aber Edison wußte, was er wollte und meinte zu seinen Mitarbeitern: „Wir haben tausendmal festgestellt, daß es so nicht geht. Das heißt, wir wissen jetzt mehr als vorher. Wenn wir dieses Wissen nützen, wird es uns in nächster Zeit garantiert gelingen, erfolgreich zu sein.“

Und er hatte recht! Dies war nicht nur der persönliche Triumph eines Erfindergeistes, sondern auch der Grundstein für ein sagenhaftes Vermögen, und die Veränderung der ganzen Welt.
Nur weil er von einem unerschütterlichen Glauben, einem starken Vertrauen in sein Tun beseelt war, gelang es ihm,

diese lange Phase des scheinbaren Mißerfolgs, der tausendfachen Entäuschung zu überwinden.

Wenn wir in unserem Leben zurückblicken, dann können wir oft feststellen, daß uns die Erfolge zwar erfreut, aber in unserer Erkenntnisfähigkeit vielleicht gar nicht so weit gebracht haben.

Anders ist es bei unseren Mißerfolgen. Sie stellen ein Hindernis dar, also müssen wir uns überlegen, was wir machen können, um trotzdem zu unserem Ziel zu gelangen.
Das bringt uns dazu nachzudenken, bringt uns dazu, neue Strategien zu entwickeln und bringt uns dazu, unsere Energien auf die Lösung dieses Problems zu richten.
Letztendlich verhilft es uns dazu, daß wir unser Wissen, unsere Erkenntnisfähigkeit verbessern können.

Erfolg kommt nicht zu denen, die warten.
Und er erwartet auch nicht von jemandem,
zu ihm zu kommen.

(Anon)

Erfolg in Beruf und Sport

Viele Menschen, viele Unternehmen erreichen ihre Ziele nicht, aus einem einfachen Grund: sie haben keines!

Und wenn es kein konkretes Ziel gibt, dann ist das vergleichbar mit einem Schiff, das auf dem Meer tümpelt, ohne Kurs.
In welchen Zielhafen soll es einlaufen ?
Wenn es kein Ziel gibt, entscheidet der Zufall, wie es weitergeht.

Daher ist die Festlegung eines Zieles der erste und wichtigste Schritt zum Erfolg.

Es gibt nun Menschen, die zwar ihre Ziele glasklar formuliert haben, die aber dabei einen ganz entscheidenden Fehler machen:
Dieser Fehler heißt Verkrampfung bei der Verfolgung von Zielen!

Auch ich habe über viele Jahre zu diesen Verkrampften gehört. Ich habe mir konkrete Ziele gesetzt und diese Ziele sozusagen Tag und Nacht verfolgt, mit dem Resultat, daß der innere und äußere Krampf immer größer wurde, mit dem Endergebnis, daß diese Ziele nicht erreicht wurden.

Man kann das mit dem Bogenschießen sehr gut vergleichen.

Beim Bogenschießen braucht man zuerst ein klar definiertes Ziel.

Dann spannt man den Bogen.

Was passiert, wenn man den Bogen überspannt? Dann zerbricht er.

Sehr oft passiert es auch, daß man die Sehne angespannt hält, ganz auf sein Ziel fixiert ist.
Die Folge ist Verkrampfung, dadurch fängt man an zu zittern, und dadurch trifft man sein Ziel erst recht nicht.

Die Kunst des Bogenschießens funktioniert so:

1. Ein Ziel im Auge haben.
2. Den Bogen anspannen, aber nicht zu fest!
3. Loslassen

Und jetzt saust der Pfeil ins Ziel!

Ich kam erst auf diese Zusammenhänge durch das Mentaltraining, das ich für Sportler abhalte.

Auch hier ist es wichtig, den Wettkampf sehr gut vorzubereiten, ein klares Ziel zu haben.

Am Tag des Wettkampfes und im Wettkampf selber aber ist es wichtig, komplett loszulassen, und sich nur auf die sportliche Tätigkeit zu konzentrieren; ohne den Hintergedanken, unbedingt gewinnen zu müssen.

Es klingt paradox, aber das hat mit dem Gesetz der Polarität zu tun.

Wir trainieren vorher – also vor dem Wettkampf – innerlich das Ziel klar zu sehen, zu erleben, zu spüren.

Im Wettkampf selber jedoch ist das Loslassen das Wichtigste. Das Sein im Hier und Jetzt.

Man nennt das auch absichtsloses Wollen.

Das Gleiche gilt auch in der Wirtschaft.
Wir sind in diesem Bereich viel zu verkrampft und agieren daher falsch.

Hier haben uns die fernöstlichen Menschen sehr vieles voraus, und es ist für mich kein Wunder, daß der künftige Weltwirtschaftsmarkt Nummer 1 tatsächlich im Fernen Osten liegt.

Ein anhaltender beruflicher Erfolg ohne Loslassen ist unmöglich.

Ich war jahrelang als Manager Verfechter von Strategien, und habe hunderte von Strategiepapieren geschrieben.
Strategie entspricht der linken Gehirnhälfte, ist klar und logisch, auch leicht verständlich, und – führt genau in eine Sackgasse!

Die Erklärung ist einfach. Durch Strategien begrenze ich die Möglichkeiten, die normalerweise unendlich viele sind, auf ganz wenige, weil ich nur diesen einen Weg, diese paar Möglichkeiten, die in der Strategie festgelegt sind, zulasse. Alle anderen schließe ich aus.

Loslassen bedeutet, ein Ziel anzustreben, den Weg zum Ziel aber völlig frei zu lassen.

Auch im Berufsleben ist das Loslassen somit ein Erfolgsrezept.

Obwohl man es oft nicht wahrhaben will, gelten die gleichen Regeln sowohl in der Wirtschaft als auch im Sport. Kannst du dir auch nur einen einzigen Spitzensportler vorstellen, der ein Turnier, ein Match gewinnt, indem er völlig verkrampft ist?

Viele glauben, in der Wirtschaft sei alles anders.
Da sollen dann die grauen, verkrampften Manager in ihren grauen Anzügen, mit grauen Gesichtern, in einem grauen Büro, das bunte und prachtvolle Produkt erfinden können...!?

Vor kurzem las ich einen euphorischen Artikel über den Supermanager X., der Tag und Nacht mit Flugzeug und Auto unterwegs ist und bereits die dritte Bypaßoperation hinter sich hat.
Was hat er noch vor sich? Die vierte und letzte!
Und das soll ein Vorbild für ein erfolgreiches Leben sein?

Heute sind die wirtschaftlichen Belange so komplex, daß ein einzelner kaum mehr richtige Entscheidungen treffen kann. Daher ist Teamarbeit so wichtig und die Teamfähigkeit das wichtigste Management-Können.

Teamfähigkeit wiederum bedingt, daß man lernt, den anderen zu akzeptieren.

POSITIVES DENKEN

Auch dieses Thema unterliegt der Polarität, was sehr viele Positiv-Denken-Fans leider oft vergessen.

Krampfhaftes positives Denken – ein einseitiges Denken, das alles Negative ablehnt – führt dazu, daß dieses Negative in den Schatten fällt und uns dadurch als Lektion ununterbrochen serviert wird.

Diese Erfahrung haben schon viele gemacht, die einen Kurs in positivem Denken belegt haben. Sie haben dann festgestellt, daß sich unter Umständen die persönliche Situation eher verschlimmert als gebessert hat.

Die tiefere Ursache liegt in der Polarität. Wann immer man kramphaft an einem Pol festhält und den Gegenpol, die Gegenseite bekämpft, – in diesem Fall ist das der Pol negatives Denken –, fällt dieser Pol in den Schatten und wird vom Leben als Aufgabe serviert.

Daher ist es ganz wichtig, von der einseitigen Positivdenkerei wegzukommen und anzuerkennen, daß es sowohl positive als auch negative Gedanken gibt.

Natürlich ist es gut und richtig, positiv zu denken und für das Positive zu sein, aber es ist grundfalsch, das Negative zu bekämpfen.

URTEILEN – VERURTEILEN

Wir müssen uns der Tatsache bewußt sein, daß unser Schicksal von unseren inneren Bildern mitbestimmt wird.

Wenn wir uns darüber hinaus in Erinnerung rufen, daß ein wichtiger Teil unserer Programme, nämlich unser inneres Betriebssystem, von unserer Umwelt geprägt ist, von unserem Elternhaus, Lehrer, Erzieher und etc., dann ist klar, daß jeder Mensch die Welt nur aus seinem persönlichen Blickwinkel erleben kann.

Aufgrund seiner persönlichen inneren Programme kann man die Welt niemals objektiv, sondern immer nur subjektiv wahrnehmen.
Es gibt nicht die Wirklichkeit an sich. Jeder erlebt nur seine eigene Wirklichkeit, durch seine persönliche Sicht der Dinge.

Das gilt auch in Bezug auf unsere Mitmenschen.

Das bedeutet, jedes Urteil über einen anderen Menschen ist ein Fehlurteil, weil wir bei jeder Beurteilung immer unseren eigenen Maßstab mitschleppen.

Was ist, wenn der andere, aufgrund seiner eigenen inneren Programme, einen ganz anderen inneren Maßstab als unseren besitzt?
Wer hat nun recht?

Hier gäbe es nun eine unendliche Diskussion über die

Wahrheit. Dabei gibt es aber so viele Wahrheiten; wie es Menschen gibt.

Von vielen Diskussionen weiß ich, wie schwer es uns fällt, von diesem Urteilen Abstand zu nehmen.
Unser gesamtes Ausbildungssystem ist auf Beurteilung aufgebaut. Was sind Noten anderes?

Ich gebe zu, ganz ohne Urteil geht es nicht. Was wir weglassen sollten, ist die Verurteilung.

Im Wort Ur**teil** steckt bereits das Wort „teilen", und das wiederum deutet auf einen Zustand hin, der nicht ganz ist, der ein Teil geblieben ist.
Wenn wir verurteilen, sind wir einseitig und somit niemals ganz. Wenn wir ganz sein wollen, müssen wir den übergeordneten Standpunkt einnehmen, das Ganze, die Ganzheit beachten. Wenn wir das nicht tun und nur auf einem Teil beharren, dann kostet uns das Energie.

Denken wir wieder an das Gesetz von Aktion und Reaktion: Urteil ist eine Energie, die wir aussenden. Je öfter wir urteilen, um so öfter kommt diese Energie als Bumerang auf uns zurück.

Erst kürzlich erlebte ich dazu ein sehr plastisches Beispiel.
Eine Frau kam in mein Seminar, sie hatte durch Mobbing (Intrigen am Arbeitsplatz) gerade ihren Job verloren und war entsprechend verzweifelt.

In den Diskussionen kam klar zum Vorschein, daß diese Dame ununterbrochen über andere, über ihre Kollegen, über ihren Vorgesetzten, über die Umstände urteilte, ja daß sich das Urteil wie ein roter Faden durch ihr bisheriges Leben zog.

Erst am Ende des Seminars war ihr klar, warum ihr bisheriges Leben so verlaufen war.
Sie hatte bisher ununterbrochen ihren Maßstab auf ihre Kollegen angelegt, wie diese ihrer Meinung nach zu sein hätten (was ständige Disharmonie, Unfrieden, Streit, negative Athmospäre im Büro verursacht hatte). Und somit war dieser für sie schreckliche Arbeitsplatzverlust nichts anderes als die Reaktion auf ihre bisher gesetzten Aktionen.

In der Bibel heißt es:

Richtet nicht, auf daß ihr nicht gerichtet werdet.
Denn mit dem Maß, mit dem ihr meßt,
wird euch gemessen werden.

Wir sind nämlich nicht aufgefordert zu richten.

Dieses „Richten" hatte ursprünglich eine ganz andere Bedeutung als heute.

Heute ist ein Richter ein Verurteiler. Damals bezog sich das Wort richten auf das Aufrichten eines Menschen.
Wenn jemand etwas Unrechtes begangen hatte, dann sollten ihm mit Hilfe eines Richters (Dorfältesten) Zusammenhänge klar gemacht werden, damit er die Chance hatte, sich wieder aufzurichten, um in Zukunft nie mehr

wieder in die Versuchung zu kommen, die gleiche Tat nochmals zu begehen. Was für ein Unterschied zu unserer heutigen Situation!

Der ganz große Lernschritt, den wir machen müssen, heißt:

Akzeptiere jeden Menschen, so wie er ist.

Wann immer wir das nicht tun, wann immer wir glauben, ein anderer Mensch sollte eben anders sein (und zwar so, wie wir ihn gerne hätten), aufgrund unserer eigenen inneren Programme, dann kostet uns das Kraft, dann kostet uns das Energie, weil unsere Versuche, einen anderen zu ändern, immer scheitern werden.

Umgekehrt wollen wir uns doch auch nicht von anderen etwas aufzwingen lassen?

Dahinter steht wieder das Prinzip: die Anerkennung des Ist-Zustandes löst Blockaden und bringt Energie.

Natürlich ist das nicht immer ganz einfach zu verwirklichen. Aber um unsere optimale Energie zu erhalten, bleibt uns nichts anderes übrig.

Ein Beispiel aus meiner Beratungspraxis: Eine Dame aus sehr gutem Haus, mit einem lieben Mann und netten Kindern, wurde eines Tages mit Kreislaufproblemen in das Krankenhaus eingeliefert.

Sie wußte, daß jede Krankheit eine innere, also seelische Ursache hat und kam daher in mein Seminar, um Näheres darüber zu erfahren.

Was war nun die tiefere Ursache für diesen Kreislaufzusammenbruch?
Besagte Dame hat einen sehr hohen Moralanspruch, den sie in ihrer eigenen Familie auch tatsächlich verwirklichen kann.

Ihre Schwester jedoch hat, aus welchen Gründen auch immer, eine völlig andere Vorstellung von Familie.
Und so gab es bisher bei jedem Familientreffen entsprechende Reibereien. Diese Schwester entspricht überhaupt nicht der moralischen Vorstellung unserer besagten Kursteilnehmerin und verhält sich dadurch in deren Meinung völlig unmöglich.

Die Lösung heißt, die Schwester zu akzeptieren, wie sie ist. Auch wenn das der eigenen Moralvorstellung zuwiderläuft. Die Vorstellung, sie müßte doch ganz anders sein, schließlich haben wir beide doch die gleiche Erziehung genossen, nützt überhaupt nichts. Dadurch verliert man nur ununterbrochen Energie.

In dem Moment, wo es uns gelingt, den anderen so anzunehmen, wie er ist – auch wenn uns das nicht paßt – ist die Blockade gebrochen, der Fluß des Lebens kann wieder frei fließen, und man hat dadurch wieder mehr Energie, auch um seine eigene Meinung zu artikulieren.

ENTTÄUSCHUNG

Manchmal entpuppt sich die Sprache als sehr präzises Werkzeug, um Gesamtzusammenhänge deutlich zu machen. Ent-täuschung heißt schlicht und einfach von Täuschung befreit. Das bedeutet, ich war vorher getäuscht, geblendet, und nach der Ent-Täuschung sehe ich die Dinge so, wie sie wirklich sind, die Täuschung ist zu Ende.

Wir können nur dann enttäuscht werden, wenn wir eine ganz bestimmte Vorstellung bzw. Erwartung von einem Umstand oder einem Menschen gehabt haben, und dieses innere Bild nicht der Realität entsprochen hat.

Es geht hier also um unseren persönlichen Maßstab. Dieser persönliche Maßstab wird von unseren inneren Bildern gebildet, die wiederum von unserer Erziehung und von unseren Denkgewohnheiten abhängen. Da diese beiden Faktoren bei jedem Menschen (auch innerhalb der eigenen Familie) völlig verschieden sind, ergibt sich, daß wir, wann immer wir unseren eigenen Maßstab auf andere umlegen, zwangsläufig enttäuscht werden müssen.

Immer dann, wenn wir eine konkrete Erwartung haben, genauso müßte das sein, programmieren wir uns zu 99,9 Prozent auf Mißerfolg, da die Wahrscheinlichkeit, daß jemand anderer genau so denkt wie wir selbst, bei ungefähr eins zu sechs Milliarden liegt.

Loslassen bedeutet auch in diesem Fall die Gewinnung ungeheurer Energiereserven.

Machen wir folgendes Gedankenexperiment:

Was passiert, wenn es dir gelingt, keinerlei Erwartungen mehr zu haben?
Spiele einmal – unbeeinflußt von allen rationellen Überlegungen – mit diesem Gedanken. Kannst du dann enttäuscht werden?

Die Antwort ist verblüffend:

Laß die Erwartung los, und du kannst nie mehr enttäuscht werden.

Ganz im Gegenteil, nachdem du nichts erwartest, kann dir das Leben jetzt eine ungeahnte Fülle von positiven Überraschungen bringen!

Es geht nicht darum, daß du es schaffst, dieses Denkmodell eins zu eins im Leben umzusetzen. Aber wenn es dir gelingt, es zu fünfzig Prozent in deinem Leben zu verwirklichen, hast du eine ungeheuer große, positive und wertvolle Energiequelle dazugewonnen.

PARTNERSCHAFT

Auch die Partnerschaft hat mit Polarität zu tun. Unbewußt suchen wir in unserem Partner/unserer Partnerin eine Ergänzung. Er/sie verkörpert sehr oft die inneren Bestandteile, die uns zur Ganzheit fehlen.

In einer Partnerschaft ist wichtig, daß die richtige Einstellung – sowohl zur Ergänzung als auch zu den Gegensätzen – entwickelt wird.
Solange die Gegensätze – Gegensätze bleiben, kann eine Partnerschaft langfristig nicht existieren.
Wenn es aber gelingt, die Gegensätze so zu sehen, daß der andere einen Teil zu meiner Ganzheit beiträgt, selbst wenn mir das nicht immer so angenehm ist, wird sich daraus eine ideale Partnerschaft entwickeln.

Auch im Geschäftsleben bedeutet eine ideale Partnerschaft, daß der andere Geschäftspartner Qualitäten in das Unternehmen einbringt, die man selber nicht hat.
Sehr erfolgreiche Unternehmer, kluge Geschäftsleute, suchen daher immer nach einer Ergänzung. Erst dann ergibt sich ein erfolgreiches Team.

Unser Partner ist ein besonderer Lehrmeister. Er hält uns einen Spiegel vor, der unsere ungelösten Energien aufzeigt. Das Ganze passiert natürlich vice versa.
Wenn wir diese Botschaft annehmen, dann ist gemeinsames Wachsen möglich.

Das führt letztendlich beide immer mehr zu ihrer eigentlichen Bestimmung, zur Erhöhung ihres Bewußtseins.

Eine Partnerschaft braucht zwei Bedingungen, damit sie gedeihen kann:

1.) Eine gemeinsame Aufgabe

Das muß etwas sein, was beide gleichermaßen interessiert, mit dem sich beide identifizieren können. Wenn zum Beispiel die gemeinsame Aufgabe darin besteht, ein Häuschen zu bauen, dann ist anschließend darauf zu achten, daß nach der Fertigstellung eine neue Aufgabe gefunden werden muß.

Sehr oft kann man nämlich beobachten, daß nach Abschluß der Aufgabe die Partnerschaft auseinandergeht, weil vergessen wurde, eine neue Gemeinsamkeit aufzubauen.

2.) Bewunderung für den Partner

Es muß zumindest einen Punkt geben, den man am Partner bewundert. Hier sollte man die Latte nicht allzu hoch setzen. Es ist egal, was man bewundert, wichtig ist nur, daß es etwas gibt, das man bewundern kann.

***Liebe ist,
dem anderen
sein Anderssein
zu gestatten.***

Wenn uns der Partner verläßt

Das ist für viele ein sehr schwerer Schlag. Plötzlich wird aus Liebe Haß. Denn, er oder sie hat sich abgewandt, das verletzt unser Selbstwertgefühl. Die Vorstellung, der Partner/die Partnerin hat einen Besseren/eine Bessere gefunden, versetzt viele in Wut.

Die Frage „was hat der andere, was ich nicht habe?" taucht hier oft auf. Aber das ist eine Frage, die uns überhaupt nicht weiterbringt. Auch hier gilt es, die Tatsache an sich, also den Ist-Zustand, anzuerkennen, so weh das auch tun mag.

Wenn wir es nicht tun, wenn wir uns dagegen auflehnen und um jeden Preis festhalten wollen, dann verlieren wir in dieser ohnehin schon schwierigen Situation weiterhin Energie, und das schadet uns und unserer geistigen Entwicklung.

Was immer auch zu dieser Situation geführt hat, eines steht fest: man steht vor einem sehr großen, notwendig (wendet die Not) gewordenen Entwicklungsschritt (Lernschritt).

Wem nützt jetzt die Zuweisung von Schuld?

Seien wir statt dessen dankbar darüber, daß wir ein Stück des Weges gemeinsam gehen konnten. Interpretieren wir nicht hinein, daß es noch länger hätte sein können, schauen wir weder im Zorn noch in übermäßiger Verklärung in die Vergangenheit zurück. Wir leben jetzt, im Hier und Heute. Das ist in Wahrheit das einzige Kapital, das wir besitzen. Dieses Kapital sollten wir nutzen.

Erst wenn wir zum gegenwärtigen Zustand Ja gesagt haben (erst wenn wir unsere inneren Klammern lösen den Partner freigegeben haben), sind wir frei für neue Möglichkeiten!

Erst jetzt kann uns das Leben neue Chancen geben.

Jede Krise in deinem Leben
ist gleichzeitig auch eine Chance,
wenn du sie erkennst.

Der Tod des Partners

Kurt Tepperwein hat einmal in seiner prägnanten Art hervorragend formuliert:

Einen Partner kann man nicht verlieren,
weil man einen Partner gar nie besitzen kann.
Eine Partnerschaft ist ein Geschenk und kein Besitz.

Sehr oft glauben wir, daß wir durch eine Heiratsurkunde damit auch einen Besitzanspruch erworben haben.
Der Sinn einer Partnerschaft liegt aber im gegenseitigen Wachsen und Gedeihen, im gegenseitigen Weiterhelfen auf dem Weg der Erkenntnis.

Der Tod eines Partners bedeutet nicht, daß er uns weggenommen wurde, sondern bedeutet, daß hier eine Seele einen anderen Weg gewählt hat.
Einen Weg, den wir aus der Froschperspektive unseres Lebens vielleicht nicht verstehen können, einen Weg, den wir vielleicht auch aus Egoismus nicht wahrhaben wollen.

Der Tod eines Partners ist sicherlich ein schwerer Weg des Loslassens. Doch müssen wir bedenken, daß auf dieser Erde alles, was einen Beginn hat, auch bereits sein Ende in sich trägt. Es wäre nicht richtig, wenn wir uns über den Beginn freuen und das Ende nicht wahrhaben wollen.

Auch hier geht es um die große Lektion unseres Lebens, die ganzheitliche Sicht der Dinge.

Was bleiben sollte ist tiefe Dankbarkeit, daß wir ein Stück des Weges gemeinsam mit einem Partner gehen durften.
Unsere liebevollen Gedanken begleiten ihn auch über den Tod hinaus und sind für ihn in der anderen Welt sicherlich eine wertvolle Hilfe.

Die Trauer um den Partner ist berechtigt und sollte auch nicht unterdrückt werden, denn es gilt, auch diesen Aspekt des Lebens bewußt anzunehmen und zu erleben.

Nach einer gewissen Zeit sollten wir die Trauer beenden und loslassen. Nun ist es wichtig, wieder neue Kräfte zu sammeln für die neuen Aufgaben und Chancen, die das Leben für uns bereithält.

DER WEG ZUR GESUNDHEIT

Am besten ist es, durch richtige Lebensweise Krankheit erst gar nicht entstehen zu lassen. Gesund zu sein bedeutet, daß Körper, Geist und Seele in Harmonie sind, daß alles zum Wohle (im ganzheitlichen Sinn) steht. Diesen Idealzustand sollten wir anstreben.

Wenn man krank ist, gibt es zwei wichtige Schritte zur Gesundheit:
Erster Schritt:
Anerkenne deine Krankheit.

Das klingt jetzt so einfach, wird aber in der Praxis sehr oft mißachtet, weil man bestimmte Dinge nicht wahrhaben will, und daher fängt man an zu verdrängen. Verdrängung aber vergrößert das Problem.

Zweiter Schritt:
Richte deine Aufmerksamkeit auf deine Gesundheit.

Es geht wieder um das bereits zitierte „innere Bild".
Wie stellst du dir deine Gesundheit vor?
Welches innere Bild entsteht, wenn du denkst: ich bin gesund!
Wie fühlst du dich, wenn du an das Bild denkst: ich bin strahlend gesund. Welches Gefühl entsteht dabei, wie fließt es durch deinen Körper?

Erlebe das als innere Meditation, jeden Tag zwei bis drei Mal, für 3–5 Minuten!

Wenn du das machst, dann aktivierst du alle Zellen deines Körpers, dann weckst du die Selbstheilkräfte deines Körpers, und das führt letztendlich wieder zur Gesundheit.

Heil sein heißt ganz sein. Heilung geschieht immer über die Selbstheilungskräfte. Ärzte, Therapeuten, Medikamente und Heiler haben dienende Funktion. Sie dienen der Erweckung der Selbstheilungskräfte, und diese Selbstheilungskräfte heilen letztendlich den Körper.

Wenn wir „heil" sind, dann spüren wir Lebensfreude. Sie ist unsere Stimulanz, unser Gesundbrunnen, unser Lebensquell.

Kampf gegen die Krankheit?

Wie immer man das auch drehen und wenden mag, Kampf bedeutet immer Blockade, und dadurch hat man weniger Energie zur Verfügung.

Der Endeffekt ist, man schwächt sich selbst und stärkt dadurch das, was man bekämpft.

PERFEKTIONISMUS

Perfektionismus ist ein inneres Programm, das meistens von den Eltern an die Kinder weitergegeben wurde. Es ist also ein Programm, das schon in sehr frühen Jahren entsteht.
Perfektionisten sind meist auch sehr unglückliche Menschen.

Machen wir uns doch bewußt, daß es das Prinzip „Perfekt" in der Natur überhaupt nicht gibt.
Die Natur ist nicht perfekt, sie funktioniert nach dem Prinzip „try and error" – „Versuch und Fehler". Die Natur ist sehr vielfältig, sehr erfinderisch, da hat Perfektionismus absolut keinen Platz.

Wenn wir die Schönheit der Natur bewundern, dann bewundern wir ihre Vielfalt und nicht den Perfektionismus.
Betrachten wir ein Blatt eines Baumes: Ist es perfekt? Mit welchem Maßstab kann man messen, ob ein Blatt perfekt ist?
Wie definiert man die perfekte Familie, wie definiert man die perfekte Partnerschaft, wie definiert man perfekte Kinder?

In der Natur ist alles in einer permanenten Entwicklung begriffen, alles wird ständig verwandelt, umgewandelt. Daher trifft hier eher das Prinzip Zweckmäßigkeit, Schönheit, Harmonie und Veränderung zu, aber so gut wie nie das Prinzip Perfektionismus.

Perfektionismus bedeutet, man hat ein Idealbild im Kopf: so sollte das idealerweise sein.

Man stülpt also den eigenen Maßstab über andere.
Das kann natürlich niemals gut gehen. Und damit besteht zu 99,9 % die Wahrscheinlichkeit, daß man enttäuscht wird.

Perfektionismus loslassen bedeutet: man aktiviert ungeheure Energiereserven!

Da Perfektionismus in der Natur, und auch im gesamten Kosmos nicht vorkommt, handelt es sich um eine menschliche Illusion.
Deshalb sind Perfektionisten auch in späteren Lebensjahren besonders depressionsgefährdet.

Besonders deshalb, weil sie diesen überzogenen Maßstab nicht nur auf andere, sondern auch auf sich selbst anlegen, und dadurch nicht nur von anderen, sondern auch von sich selbst immer wieder enttäuscht werden.
Das führt letztendlich zu Minderwertigkeitsgefühlen.

Damit verbunden ist auch sehr oft ein Gefühl der Überforderung, weil Perfektionisten es nur sehr schwer schaffen, eine Arbeit zu unterbrechen oder überhaupt unerledigt zurückzulassen, weil eine bestimmte Priorität dies verlangt.

Unerledigte Aufgaben werden als extreme Belastung

empfunden. Je mehr unerledigte Aufgaben sich anhäufen, um so unglücklicher wird der Perfektionist.
Gerade in unserer heutigen Zeit der permanenten Veränderung ist damit das Unglücklichsein vorprogrammiert.

Was ist zu tun?

1.) Erkennen, daß Perfektionismus reine Illusion ist, die unglücklich macht.

2.) In der abendlichen Rückschau (siehe dazu das Kapitel über Psychohygiene) feststellen:

Bei welchen Gelegenheiten habe ich schon wieder meinen überzogenen Maßstab angewendet?

Bei welchen Gelegenheiten haben andere Menschen nicht meinen Idealen entsprochen?

Bei welchen Gelegenheiten wurde ich durch andere enttäuscht oder zurückgewiesen?

Das alles sind deutliche Hinweise darauf, daß ich versucht habe, meinen inneren Maßstab auf andere umzulegen.

Und jetzt erlebe ich die Szenen um. Ich erlebe mich innerlich, wie ich die Dinge akzeptiere, wie sie sind.

Wie ich die anderen Menschen akzeptiere, wie sie sind. Wie ich einverstanden bin, daß andere Menschen anders sind als ich; und wie ich einverstanden bin, daß andere Menschen eine andere Sicht der Dinge haben als ich.

ÄRGER

Wenn wir Ärger emotionslos betrachten, dann müssen wir feststellen, daß uns Ärgern ausschließlich Nachteile bringt. Wir regen uns auf, der Blutdruck erhöht sich, wir können nicht mehr klar denken. Insgesamt haben wir dadurch jede Menge Energie verloren.

Selbst wenn wir unserem Ärger Luft machen können, bleibt im Nachhinein ein schaler Nachgeschmack. Und wenn wir uns einmal gestatten zu explodieren, entsteht im Nachhinein oft das Gefühl: war das wirklich notwendig, habe ich mich dabei nicht doch blamiert – und damit ein Schuldgefühl.

Durch Ärger ist man auch von anderen manipulierbar, weil andere, wenn sie uns gut genug kennen, uns über das Instrument Ärger zappeln lassen können wie einen Hampelmann. Immer, wenn sie am Schnürchen ziehen, reagieren wir in gewohnter Art und Weise, nämlich über unsere Ausdrucksmöglichkeit Ärger.

Ärger bewirkt nichts,
er macht nur ärger!

Ärger ist somit ein dummes inneres Programm, das uns unsere Kräfte raubt und uns daran hindert, in Ruhe nachzudenken, wie wir die Situation am besten verändern könnten.

Wenn das so ist, warum sind wir dann eigentlich so verrückt und ärgern uns ununterbrochen?

Sind wir vielleicht ein Volk von Masochisten, die jeden Tag Spaß daran haben, sich selber zu schädigen?

Warum ärgern wir uns so oft, obwohl wir wissen, daß uns das auf keinen Fall persönlich weiterbringt, und obwohl wir wissen, daß uns Ärger unsere Gesundheit raubt?

Die Antwort ist ganz einfach. Ärgern geht zurück auf eines unserer Grundprogramme, das unser Überleben als Baby sichert, und dieses Grundprogramm lautet: Wenn du etwas brauchst, wenn du zum Beispiel Hunger hast, dann brüll drauf los und mach ganz lautstark auf dich aufmerksam.

Dieses Programm funktioniert in den ersten Lebensmonaten hervorragend! Sofort versuchen die Erwachsenen herauszufinden, was das Baby hat, oder was es braucht, was für das Baby wiederum der Beweis ist, daß das Programm Brüllen tatsächlich funktioniert.

Es handelt sich also um ein hochwirksames Programm der ersten Lebensmonate. Und weil es so wirksam ist, versuchen wir, dieses Programm ein ganzes Leben lang immer wieder zu verwirklichen, nur mit dem Unterschied, daß irgendwann niemand mehr da ist, der uns sofort helfen will, wenn wir losbrüllen. Und ab diesem Moment richtet sich unser inneres Programm gegen uns selbst.

Wir brüllen los, regen uns auf und erreichen genau das Gegenteil von dem, was wir erreichen wollten, nämlich: die anderen gehen in Deckung oder auf Distanz, und niemand hilft uns, so wie es in der frühen Kindheit gewesen ist.

Ärgern ist also ein Programm, das schon längst obsolet geworden ist. Weil es aber ursprünglich ein sehr erfolgreiches Programm war, fallen wir immer wieder in diese alte Gewohnheit zurück, obwohl sie uns nun persönlich großen Schaden zufügt.

Aus alten Programmen herauszukommen ist deswegen so schwierig, weil sie sich als tiefe Spuren in unser Unterbewußtsein eingraviert haben. Vergleichbar mit den Rillen einer Schallplatte. Sobald der Tonkopf einsetzt (in unserem Fall der Anlaß für den Ärger), reagieren wir sofort, und schon ertönt die Arie vom Ärger!

Ärger hat auch Auswirkungen im körperlichen Bereich. Wir treffen hier überwiegend auf die Symptome Bluthochdruck, Magenbeschwerden und Gallenbe-schwerden. Gallenbeschwerden sind nichts anderes als zu Stein geronnener Ärger.

Ärger ist eine Energieblockade, die in Summe einen erheblichen körperlichen, geistigen und seelischen Schaden anrichtet. Man könnte beinahe sagen: Selbstmord auf Raten!

Was kann man dagegen tun?

Das Programm Ärger kann man sich innerhalb von ein bis drei Monaten spielend leicht abgewöhnen.

Reserviere dir jeden Abend mindestens 10 Minuten Zeit für das **„Nie-wieder-ärgern-Programm“:**

Mach einige Atemübungen, atme ganz ruhig und gleichmäßig, und beobachte 2 Minuten lang deinen Atem.

Nichts anderes tun, nur den Atem beobachten. Alle Gedanken, die während dieser Zeit kommen, laß geistig hereinströmen, vorbeiziehen und wieder aus deinem Kopf herausfließen.

Konzentriere dich ganz auf deinen Atem und darauf, daß dieser Atem immer tiefer und ruhiger wird.

Und in dieser Stimmung rekapituliere anschließend den Tag. Stell dir den ganzen Tag vor, vom Aufstehen bis zum gegenwärtigen Zeitpunkt, schau dir also den inneren Film des laufenden Tages an.

Und immer dann, wenn eine Szene auftaucht, in der du dich geärgert hast, spielst du Regisseur und gestaltest den Film neu. Du erlebst diese Szene geistig um, so als ob du dich ideal dabei verhalten hättest. Du erlebst dich in dieser Szene jetzt souverän.

Diesmal regt dich das Geschehene überhaupt nicht auf, diesmal stehst du souverän über der Situation, diesmal kann es dir gar nicht passieren, daß das dumme Programm Ärger, das nur gegen dich selbst gerichtet ist, wirksam wird.

Du erlebst die Szene Ärger um.

Schon nach 30 Tagen wirst du feststellen, daß du dich nicht mehr so oft ärgern kannst, weil in deinem inneren

Programm langsam aber sicher der Programmteil Ärger gelöscht wird.

Nach 60 Tagen tritt eine deutliche Verbesserung ein, und nach 90 Tagen hast du erfahrungsgemäß dein bisheriges Ärgerprogrammes gelöscht, – der Lohn deiner Arbeit!

Stell dir bitte einmal vor, wieviel Prozent deiner Energie du bisher mit Ärger vergeudest hast…

Diesen Prozentanteil kannst du ab jetzt als deinen persönlichen Gewinn verbuchen!

Du kannst dir vorstellen, wie allein schon dadurch das Leben leichter und angenehmer wird, wieviel mehr Energie du nun zur Meisterung deines persönlichen Lebens zur Verfügung hast!

KRITIK

Man ist oft sehr schnell beim Austeilen von Kritik.

Wie es nicht geht, oder daß es so nicht geht, das erkennt man blitzschnell, und man ist auch gerne bereit, den anderen das mitzuteilen.

Wenn man kritisiert wird, also auf der Gegenseite steht, dann sieht die Welt ganz anders aus. Man fühlt sich ungerecht behandelt, angegriffen und völlig mißverstanden.

Wie können und sollen wir mit Kritik umgehen ?

Bei Kritik gibt es folgende zwei Möglichkeiten:

1.) Der Andere hat recht.

In diesem Fall ist das für dich ein wichtiger Hinweis, daß du etwas ändern solltest.
Du bekommst von jemand anderem eine kostenlose Lektion. Es ist vielleicht ein Aspekt, den du von deiner Seite aus noch nicht betrachtet hast.
Vielleicht warst du auf einem Auge blind, vielleicht hast du dich selber falsch eingeschätzt. Du bekommst jetzt vom anderen die Möglichkeit einer Korrektur.

Jetzt ist es ganz besonders wichtig, eine Trennung zwischen **Botschaft und Botschafter** zu machen.

Vielleicht ist dir derjenige, der dich kritisiert, nicht sympathisch, trotzdem ist er dein Botschafter.

Wenn du in der Lage bist, die Botschaft anzunehmen, ist das vielleicht eine ganz wichtige Mitteilung für dein eigenes Leben.

Leider haben wir gelernt, bei Kritik sofort auf Gegenangriff umzuschalten, und das ist grundsätzlich falsch, weil dadurch die für uns so wichtige Botschaft verloren gehen kann.

Also seien wir dankbar für diese Korrekturmöglichkeit, es ist eine leichte Mahnung. Wenn wir diese nicht annehmen, schickt uns das Schicksal als Korrekturmöglichkeit viel schwerere Mahnungen.

2.) Der Andere hat unrecht.

Diese Kritik trifft uns meist am härtesten und tut auch sehr weh.
Hier ist das Loslassen eine Wunderwaffe.
Du brauchst dir lediglich klar machen, daß diese Kritik nur die Meinung eines anderen ist.
Was hindert dich daran, einem anderen Menschen eine bestimmte Meinung zuzugestehen?
Jeder Mensch darf eine bestimmte Meinung haben, gestehe ihm diese Meinung auch zu.
In diesem Fall ist das eben eine spezielle Meinung über dich. Nicht mehr und nicht weniger.

Und genau das kannst du dem anderen in entsprechender Form auch sagen, selbst wenn es dein Vorgesetzter ist. Das könnte in etwa so lauten:

„Ich kann Ihre Meinung in diesem Fall nicht teilen. Ich sehe die Dinge anders. Selbstverständlich bleibt es Ihnen unbenommen, eine andere Meinung zu haben, ich will Sie auch nicht davon abbringen. Ich bitte Sie nur zu akzeptieren, daß ich in diesem Fall die Dinge anders sehe und Ihre Kritik für ungerechtfertigt halte".

Viele Seminarteilnehmer/Innen berichten mir immer wieder übereinstimmend, daß den diversen Kritikern meistens der Mund offen bleibt. Wenn diese Argumentation in aller Ruhe vorgetragen wird, möglichst ohne jede Emotion, dann wirkt sie garantiert und nachhaltig.

SAG NICHT JA, WENN DU NEIN SAGEN WILLST

Sehr oft wird das Loslassen im ersten Moment falsch verstanden. Viele glauben, Loslassen bedeutet, keine eigene Meinung mehr zu haben und zu allem Ja und Amen sagen zu müssen.
Genau das Gegenteil ist der Fall! Loslassen bedeutet, zu sich selber zu stehen, zu seinem eigenen Kern zu stehen, und sich immer wieder zu fragen: entspricht das meinem eigenem Kern, meiner Persönlichkeit, meinem Wesen?

Wenn du also etwas tust, was nicht deinem Bewußtseinsniveau entspricht, dann stehst du nicht zu deinem eigenen Wesenskern, und das schadet dir.

Wenn es dir gelingt, jede Handlung aus deinem inneren Bewußtsein heraus zu tätigen, dann bist du immer im Einklang mit dir selbst, dann spürst du auch, daß das, was du tust, zu dir paßt.

Loslassen bedeutet, die Dinge zu akzeptieren, wie sie sind. Die Umstände zu akzeptieren, wie sie sind, die Menschen zu akzeptieren, wie sie sind, weil es am Ist-Zustand nichts zu rütteln gibt.
Das bedeutet aber nicht, alles schweigend zu erdulden bzw. zu allem Ja zu sagen!

Manche finden das paradox, aber es ist ein sehr logischer Vorgang. Wenn du den Ist-Zustand akzeptierst, wie er ist, dann hast du plötzlich wieder die vermißte Energie, um auf dein Innerstes zu horchen und dein Unterbewußtsein zu fragen: was gehört denn zu mir, was paßt denn zu mir, was wäre denn eigentlich meine Aufgabe?

Und wenn du diese Aufgabe gefunden hast, wenn du also Ja zu dieser Aufgabe sagst, dann bedeutet das gleichzeitig, daß du vielleicht ein Nein zu den Umständen sagen mußt, die gegen deine Aufgabe gerichtet sind – und ziehe die Konsequenzen!

Nehmen wir ein konkretes Beispiel aus dem Alltag.

Josef A. ist in seinem tiefsten Inneren davon überzeugt, daß Familie und Kinder für ihn besonders wichtig sind. Sie nehmen daher einen ganz hohen Stellenwert in seinem Leben ein.

Nun bekommt Josef einen lukrativen Job angeboten, als Exportleiter. Schlagartig würde das seine bisher angespannte finanzielle Situation verbessern.

Mit diesem Job verbunden sind naturgemäß viele Auslandsreisen, die zusammengenommen, mehrere Monate im Jahr Josef von seiner Familie trennen würden.
Wenn Josef diesen Posten annimmt, würde das seiner innersten Überzeugung völlig widersprechen.
Falls er nun aufgrund der äußeren Vorteile sich zur Annahme dieses Jobs entschließt, dann tut er etwas gegen sein innerstes Interesse, und das macht ihn früher oder später unglücklich.

Das bedeutet also, wann immer deine äußeren Handlungen, aus welchen Gründen auch immer, im Gegensatz stehen zu deinem inneren Kern, macht dich das, mittel- oder langfristig, unglücklich.

Sehr viele Depressionen haben hier ihren Ursprung.

Es kommt also darauf an, mehr auf den eigenen Kern zu achten, und auf die innere Stimme zu hören.
Dazu ist es wichtig, im richtigen Moment Nein zu sagen, – und in der richtigen Form!

Hier trifft der Spruch von Voltaire zu:

Man soll dem anderen die Wahrheit hinhalten
wie einen Mantel,
in den er hineinschlüpfen kann,
wenn er dazu bereit ist,
und sie ihm nicht wie einen nassen Lappen
um die Ohren schlagen.

BERUFSKOLLEGEN

Neben unserem Partner/Partnerin sind Berufskollegen/-kolleginnen unsere wichtigsten Botschafter.
Auch hier ist wieder darauf zu achten, daß man die Botschaft vom Botschafter trennen muß.

Unsere äußeren Umstände sind ein Spiegelbild unserer inneren Entwicklung.
Deswegen bekommen wir nicht „zufällig“ diesen oder jenen Kollegen/Kollegin, sondern der Kollege/die Kollegin fallen uns tatsächlich aufgrund unserer inneren Zustände zu. **Das ist der wahre Zu-fall!**

Wenn man sich mit seinen Kollegen/Kolleginnen nicht versteht, dann ist es wichtig zu erkennen, daß dahinter eine Botschaft verborgen ist.
Es ist deine Aufgabe, diese Botschaft herauszufinden. Welche Resonanz bringt sie in dir zum Klingen? Was ist deine Lernaufgabe aus dieser Begegnung? Solltest du mehr Toleranz lernen, oder vielleicht mehr Entschlossenheit? Es ist meistens eine sehr präzise Botschaft.

Wann immer jemand in dein Leben tritt, der durch sein Verhalten bestimmte Dinge in dir zur Resonanz bringt, dann bedeutet das, daß du in dieser unangenehmen Situation unerlöste Schattenteile deines eigenen Lebens serviert bekommst.

Das Leben bietet dir also an, diese bisher ungelösten

Schattenteile aufzulösen, um damit neue Erkenntnisse zu erwerben, um damit befreiter und erlöster durchs Leben gehen zu können.

Auch hier ist das Loslassen ein besonders wirksames Konzept:
Indem du diese Situation annimmst, kannst du die Botschaft erst erkennen.
Sobald du diese Botschaft in dir selber verarbeitet hast, bekommst du diese Lektion vom Schicksal nicht mehr als Lebensaufgabe zugeteilt.

Im konkreten Endergebnis bedeutet das, sobald du deine Aufgabe, die gleichzeitig deine Lernaufgabe ist, annimmst, und durch diese Annahme den dahinter-steckenden Schatten auflöst, hast du deine Aufgabe gemeistert, und damit beugst du einer Wiederholung vor.

Wenn du aber in der herkömmlichen Art und Weise deinen Schatten auch noch bekämpfst, dann ist sichergestellt, daß sich die Lektion wiederholt; an einem anderen Ort, zu einer anderen Zeit, vielleicht auch mit anderen Personen.

Unsere innere Landschaft erzeugt eine äußere Landschaft, und zwar im Verhältnis eins zu eins.
Wenn dir die äußere Landschaft also nicht gefällt, dann mußt du die innere Landschaft verändern, damit das Innen auch im Außen in Erscheinung treten kann.

Alles Negative, was dir im Leben passiert, ist entweder karmisch bedingt oder ein Hinweis darauf, was du in dir

noch ändern solltest, was also darauf drängt, in dir erlöst zu werden.
Diese Erlösung kann nur über die Akzeptanz erfolgen, nicht über den Kampf.

Loslassen ist also die beste Lösung, um glücklich zu werden.

Das System funktioniert einfach und sehr präzise, weil es nach dem kosmischen Grundgesetz der Polarität wirkt.

Ich hatte zum Beispiel im Laufe meines Lebens immer wieder mit entscheidungsschwachen Chefs zu tun, weil ich selber eher ein Mensch bin, der sich schnell entscheidet.

Ich habe also hier die Botschaft meines Gegenpols erhalten. Erst als ich das begriff, und als ich akzeptierte, daß ich durch mein Sosein, nämlich „entscheidungsstark" zu sein, den inneren Pol „entscheidungsschwach" in den Schatten dränge und dadurch immer wieder die Lektion Entscheidungsschwäche erleben muß, – und zwar solange erleben muß, bis ich akzeptiere, daß es zur Entscheidungsstärke auch gleichzeitig die Entscheidungsschwäche gibt. Und daß es nicht richtig ist, auf entscheidungsschwache Menschen herabzusehen.

Wenn zum Beispiel Menschen sehr darunter leiden, daß ihnen von Kolleginnen/Kollegen zu wenig Respekt ent-

gegengebracht wird, dann ist die Lektion, die dahintersteht, Toleranz zu üben.
Sobald dies erkannt und gelöst ist, wird man von seiner Umgebung respektvoll behandelt. Wenn man aber nicht losgelassen hat, dann beginnt man einen Kampf gegen die Respektlosigkeit.
Dieser Kampf kann ein ganzes Leben dauern, zermürbt und kostet Energie.

Rudolf S. ist leitender Angestellter in einem großen Konzern. Er ist der Prototyp eines braven und moralisch hochstehenden Menschen, der keiner Fliege etwas zu leide tun kann, aber er ist etwas stur. Sein Vorgesetzter ist das genaue Gegenteil. Er hat seine Karriere dadurch gemacht, daß er stets brutal seine Vorteile wahrgenommen hat. Unehrliche Machenschaften durchziehen seinen Alltag.

Rudolf S. leidet darunter sehr stark, möchte manchmal seinen Job hinschmeißen, verliert ununterbrochen Energie, wird dadurch auch sehr oft krank.

Loslassen bedeutet, auch diesen Chef zu akzeptieren, wie er ist, und anzuerkennen, daß hier die Konfrontation mit dem Schatten erfolgt.

Sobald es gelingt, diese Situation voll zu akzeptieren, stellt sie keine so große Blockade mehr dar.

Rudolf S. ist es gelungen, diese Tatsache einzusehen und er hat daher – so wie früher – genug Energie, um seinen beruflichen Alltag zu meistern.

KAMPF IST KRAMPF

Warum gibt es so viele Kriege auf dieser Welt?
Auch hier gilt wieder das Gesetz: wie innen so außen. Je mehr Kriegsgedanken in jedem einzelnen Menschen vorhanden sind, um so größer wird auch im Außen die Wahrscheinlichkeit, daß tatsächlich Krieg entstehen kann.

Solange es Millionen von Menschen gibt, die entweder für oder gegen etwas kämpfen, solange wird sich immer wieder ein Krieg manifestieren.
Wir können daher sehr viel für den Frieden dieser Welt beitragen, indem wir uns von unseren kriegerischen Gedanken trennen, und statt dessen Gedanken des Friedens und der Liebe aussenden.
Würden alle Menschen auf diesem Erdball auch nur für 5 Minuten pro Tag Gedanken des Friedens und der Liebe aussenden, in kürzester Zeit wäre diese Welt in ein Paradies verwandelt.

In diesen kosmischen Gesetzmäßigkeiten gibt es auch keine Frage der Moral, sondern nur präzise Abläufe.

In diesem wunderbaren System enlarvt sich somit jeder Kampf als Kampf gegen sich selbst. Wann immer du Kampfgedanken aussendest, kehren diese Kampfgedanken als Kampfreaktion zu dir zurück.
Mit jedem Kampf schadest du dir selbst!

ANGST

Angst kommt vom lateinischen *„angustus“* und das bedeutet Enge. Gemeint ist die Enge unseres Bewußtseins. Angst bedeutet also immer, daß unser Bewußtsein nicht „weit“ genug ist.

Die Weite des Bewußtseins fehlt uns, weil wir nicht genug *„religio“* haben. Religio heißt Rückbindung. Es fehlt uns also die Rückbindung an Gott, an die Schöpferkraft, an das Universum, wie immer wir das auch nennen möchten, es fehlt am Urvertrauen.

Wenn wir das Loslassen beherrschen, dann bedeutet das, daß wir in Zukunft ohne Angst durchs Leben gehen können.

Du brauchst es nur einmal auszuprobieren. Wenn du in Zukunft Angst verspürst, dann halte inne, und sag aus der tiefsten Tiefe deiner Seele **Ja** zu dieser Angst.

Und du wirst etwas ganz Verblüffendes feststellen: bereits ab dem Moment der Anerkennung dieser Angst ist sie nicht mehr übermächtig.
Durch das Akzeptieren wurde sie bereits kleiner.

Walter B., Jungunternehmer, baute sein Geschäft auf. Das war nicht immer so einfach. Er kam nicht rechtzeitig in die Gewinnzone, wie geplant.

Die Gespräche mit der Bank verliefen negativ. Walter B. wußte nicht mehr ein und aus, konnte schon seit Wochen nicht mehr schlafen und wälzte Selbstmordgedanken.

Ich riet ihm, sich abends hinzusetzen, ruhig zu atmen, sich auf den Atem zu konzentrieren und dann die Angst aufsteigen zu lassen, die ihn so bedrohte.
Und wenn dieses Gefühl der Existensangst ihn völlig ergriffen habe, dann innerlich zu sagen: „Ja, ich stehe dazu. Was immer auch passieren mag, ich stehe dazu. Das ist ein Teil meines Lebens, und auch diese Angst gehört zu meinem Leben."

Wichtig ist das totale Einverständnis! Wichtig ist das völlige Loslassen.

Und das Erstaunliche ist, in dem Moment, wo es gelingt zu dieser Angst zu stehen, kann man wieder frei atmen, kann man wieder ruhig denken.
Es tauchen bald die ersten Lösungsmöglichkeiten auf, unser Unterbewußtsein schickt uns bereits die ersten Angebote, die ersten Möglichkeiten.

So war es auch in diesem konkreten Fall. Schon am Tag danach bekam Walter B. die Möglichkeit, ein neues Angebot zu erstellen, eine Woche später hatte er einen größeren Auftrag, ab diesem Moment ging es bergauf.

Was aber tun, wenn die Angst nicht konkret definierbar ist? Wenn du also Angst empfindest, aber gar nicht sagen kannst, um welche Art von Angst es sich überhaupt handelt?

Auch in diesem Fall gilt es loszulassen; anzuerkennen, daß es so ist.

Solange man gegen diese Angst ankämpft, wird sie immer größer. Wenn es gelingt, den Zustand zu akzeptieren, wie er ist, wird die Energie von diesem Zustand genommen, und es ergibt sich die Möglichkeit, aus dieser Situation herauszukommen.

Die vorhin erwähnte *religio* wird sehr oft mißverstanden, weil sie mit Religion verwechselt wird. Selbstverständlich liegt der tiefere Sinn jeder Religion darin, den Mitgliedern diese „*religio*" zu vermitteln, aber welche Religion tut das heute ernsthaft?

Der Sinn dieses Buches ist, einen Hauch von *religio* zu übermitteln, ohne dabei im entferntesten an irgend eine Religion oder sonstige Glaubensgemeinschaft zu denken.

Einen Hauch von *religio* erfährst du zum Beispiel, wenn du abends in den Sternenhimmel schaust und dich eins fühlst mit diesem gigantischen, unendlichen Kosmos.

Die Dimensionen sind so großartig, daß sie für unser Gehirn gar nicht mehr vorstellbar sind. Wenn wir in diesen abendlichen Sternenhimmel schauen, dann können wir einen Hauch davon erahnen, was es bedeutet, daß die Gegenwart gleichzeitig die Zukunft und die Zukunft gleichzeitig die Vergangenheit ist.

Der Blick in den Sternenhimmel bedeutet, daß einige dieser Sterne bereits vor tausenden Jahren erloschen sind, obwohl wir jetzt erst ihr Licht wahrnehmen. Bis das Licht bei uns eintrifft, vergehen tausende von Jahren.

Das verschafft uns wieder einen Eindruck von den ungeheuren Dimensionen. Licht bewegt sich nämlich mit der unvorstellbaren Geschwindigkeit von 299.000 Kilometern pro Sekunde fort.

Wenn wir in den Sternenhimmel schauen, dann schauen wir jetzt, in diesem Moment, in eine Vergangenheit, die vielleicht schon mehrere tausend Jahre zurückliegt.

In dieser Unendlichkeit, in diesem gigantischen Universum gibt es nichts und niemanden, der böse auf dich ist, gibt es auch niemanden, der dich strafen möchte.

Es gibt nur wunderbare, geniale und einfache Gesetze.

Dieses Buch handelt von diesen Gesetzen.

Salamitaktik

Es gibt eine hervorragende Möglichkeit, um konkrete Ängste ein für allemal loszuwerden.
Diese Methode eignet sich sowohl für Flugangst als auch für Höhenangst, für Ängste gegenüber bestimmten Tieren, für die Angst vor dem Liftfahren, usw.
Die Vorgangsweise ähnelt einer Salamitaktik.

Nehmen wir ein konkretes Beispiel:
Die Angst vor dem Liftfahren.

1. Phase
Nimm dir jeden Tag eine Viertelstunde Zeit,
setz dich hin und stell dir vor, wie andere (nicht du selbst!!) auf einen Lift zugehen.
Du siehst, wie dieser Lift gestaltet ist, du siehst auch die Anzeigetafel des Liftes.
Du siehst, wie jemand anderer auf diesen Lift zugeht, dabei beobachtest du dich selbst. Wie sieht es in deinem Inneren aus?

Wenn du aufgeregt beim Betrachten dieser Situation bist, dann ist es wichtig, diese Szene mindestens zwei bis drei Wochen lang immer wieder zu üben, und zwar so lange, bis du beim geistigen Ansehen dieser Szene Langeweile empfindest; so lange, bis sich innerlich nichts mehr rührt; bis du nicht mehr aufgeregt bist, wenn du innerlich diese Szene beobachtest.

2. Phase
Gleicher Vorgang wie vorher. Du nimmst dir genügend Zeit, konsequent jeden Tag, und siehst dich innerlich jetzt selbst auf den Lift zugehen. Ebenfalls wieder mindestens zwei Wochen. Beobachte dich selbst. Erst dann, wenn das Ansehen dieser Szene fad und langweilig wird, wenn kein schnelles Herzklopfen mehr beobachtet werden kann, erst dann gehst du zur dritten Phase über.

3. Phase
Wann immer es dir möglich ist, betritt ein Haus, in dem es einen Lift gibt, und geh auf diesen Lift zu, ohne jemals hineinzugehen!
Du hältst dich nur im Foyer auf und beobachtest, was alles passiert. Wieviele Menschen einsteigen und aussteigen, wie oft die Tür des Liftes auf- und zugeht, usw.

4. Phase
Du siehst dich geistig den Lift betreten. Das mag am Anfang nur ein Schritt hinein sein und dann wieder heraus, beginne ganz vorsichtig und beobachte wieder dich selbst.

Du betrittst geistig den Lift solange, bis dir das wiederum langweilig wird (mindestens zwei Wochen). Und wenn das passiert ist, machst du die Probe aufs Exempel.

5. Phase
Suche jetzt wieder einen Ort auf, in dem es einen Lift gibt. Gehe einmal einen Schritt oder auch nur einen halben Schritt kurz hinein, um dann gleich wieder umzukehren.

Nur um festzustellen, welches innere Gefühl du hast, wenn du das in natura machst.

Auch das wieder längere Zeit wiederholen. Ja nie Streß aufkommen lassen, alles immer mit dem Hintergrund tun: da kann mir nichts passieren, ich kann jeden Moment umdrehen.

6. Phase
ehe dich geistig wiederum mehrere Wochen lang den Lift betreten, bleib drinnen, drück auf den Knopf und fahre! Auch hier wieder einige Wochen, bis das innere Erleben fad wird.

7. Phase
Anschließend stelle dich in den Lift – du hast das nunmehr bereits hunderte Male trainiert – drück auf den Knopf, fahr nach oben, und du wirst sehen: es geht ohne Angst.

Diese Angst hast du nun ein für allemal überwunden!

Angst vor Verlust

Dies ist ein ganz sicheres Zeichen dafür, daß wir die *religio* – die Rückbindung – verloren haben, daß wir also ausschließlich aus unserem Ego heraus leben.

Wir sind nackt in dieses Leben gekommen und werden nackt wieder gehen.
Dazwischen liegt ein Leben, für das wir Spielkarten in die Hand bekommen.
Spielkarten, die Geld, Haus, Titel, Besitztümer, Berühmtheit und vieles andere heißen.
All diese sind Spielzeug des Lebens; sind Leihgaben, die und wir am Ende unseres Lebens wieder abliefern müssen.

Weder Besitz noch Macht noch Titel noch akademische Grade können mitgenommen werden.
Das Einzige, was wir tatsächlich mitnehmen können, sind die Erkenntnisse, die wir in diesem Leben erworben haben.

Jeder äußere Besitz kann uns jederzeit genommen werden. Wir müssen daher darauf achten, daß wir nicht vom Besitz besessen werden.
Das bedeutet nicht, daß wir Besitztümer gering achten sollten, sie sind ein Zeichen von erhöhter Energie. Doch wir sollten, wenn wir das Privileg haben, erhöhte Energie zu besitzen, diese Energie sehr weise einsetzen.

Nichts ist sinnloser, als ununterbrochen Besitz anzuhäufen, um ihn am Ende des Lebens doch wieder abgeben zu müssen.

Das kann niemals der Sinn des Lebens sein!

All unser Besitz sollte uns dienen, uns helfen in unserer Weiterentwicklung. Wir sollten aber jederzeit bereit sein, diese Spielkarten des Lebens wieder aus der Hand zu geben.

Auch hier gilt das Prinzip von Nehmen und Geben.

Ich muß, wie beim Kartenspiel, immer wieder eine Karte abgeben und kann dafür eine Karte aufnehmen. Wenn ich krampfhaft an meinen Karten festhalte, nichts mehr davon hergebe, dann ist das Spiel gestoppt.

Zukunftsangst

Eine sehr weit verbreitete Angst ist die Zukunftsangst. Das ist ganz natürlich, denn es gibt für die Zukunft tatsächlich keinerlei Sicherheit.

Sehr oft flüchten wir in Vorsorgemaßnahmen, wie Anhäufung von Vermögen, Versicherungen etc., doch alle diese Maßnahmen können nicht darüber hinwegtäuschen, daß tatsächlich morgen alles anders sein kann.

Hier hilft ausschließlich die *religio*, die Rückbindung. Wenn mir bewußt ist, daß ich ein Teil des allumfassenden Universums bin, wenn mir bewußt ist, daß ich in der Schule des Lebens bin, daß also von mir permanent gefordert wird, umzudenken, umzulernen, dann weiß ich auch, daß es kein blindes Schicksal gibt, das mir Unglück schickt, sondern daß das Schicksal sehr maßgeblich von mir selbst gebildet wird durch das Gesetz von Aktion und Reaktion.

Stecke dir ruhig persönliche Ziele, die für deine Zukunft wichtig sind. Aber mache dir keine Sorgen darüber, ob sich deine Pläne auch schlußendlich verwirklichen.

Der Weg ist das Ziel.

Wichtig ist nur, gelassen in die Zukunft zu blicken. Urvertrauen in das Leben stärkt dich und hilft dir.

Du kannst deine Zukunft gestalten, indem du im Hier und Jetzt positive Gedanken aussendest. Nach dem Gesetz von Aktion und Reaktion wirst du durch das Aussenden von positiven Gedanken Positives in der Zukunft ernten.

SICH UM ANDERE SORGEN

Ein großes Gebiet des Loslassens sind auch die Sorgen um andere.

Das Sich-Sorgen-Machen ist in vielen Menschen tief verwurzelt und wird möglichst fleißig „trainiert“. Es sind Gefühle der Unruhe und Angst, die die Tendenz haben, sich zu vergrößern.
Durch Sorgen aktivieren wir innere Bilder, nämlich Vorstellungen, was alles passieren könnte, und diese Bilder laden wir mit großer Energie (Angst) auf.

Wir müssen wissen, je öfter wir dies tun, umso größer ist die Wahrscheinlichkeit, daß das, was wir befürchten, tatsächlich eintrifft. Ein befürchtetes Problem kann dadurch umso schneller wachsen.
Wenn wir unser Bangen und unsere ganze Aufmerksamkeit auf bestimmte Dinge oder Situationen richten, weil wir glauben, daß sich dadurch etwas ändert, vergeuden wir nur unnötig unsere kostbare Lebenskraft.

Viele Menschen haben auch Angst, als oberflächlich zu gelten, wenn sie sich nicht genug um jemand Sorgen machen. Dabei verwechseln sie Sorge mit Besorgnis.

Besorgt zu sein ist nur berechtigt, wenn es um Dinge geht, die für uns oder eine nahestehende Person eine Bedrohung darstellen, wenn wir das als Aufruf zum Handeln verstehen.

Jedenfalls schaden wir den Menschen, um die wir uns Sorgen machen.

Wenn Personen, die uns nahestehen, auch noch so weit von uns entfernt sind, können sie die negativen Angst-Gedanken spüren und werden davon beeinflußt.

Vor kurzem berichtete mir eine Seminarteilnehmerin, daß ihr Sohn aus beruflichen Gründen mehrere Monate nach Amerika gehen mußte. Die Dame machte sich große Sorgen.
Einmal rief sie ihr Sohn aus Amerika an und sagte: „Mutti, ich spüre, daß du dir große Sorgen machst, ich bin dadurch so unruhig und kann mich nicht auf meine Arbeit konzentrieren. Bitte mach dir keine Sorgen mehr."

Nicht jeder besitzt die Sensibilität, daß er erkennen kann, woher seine Unruhe kommt.

Trotzdem wurde diese innere Unruhe von der liebenden Mutter ausgelöst. Sie wußte jetzt, daß sie mit ihren Sorgen eigentlich großen Schaden anrichten kann und hat begonnen, ihrem Sohn geistig Kraft und Liebe zu schicken.

Das hilft unseren geliebten Menschen, egal, wo sie sich gerade aufhalten. Wir stellen uns vor, daß Kraft und Liebe von uns ausgeht, und den anderen in einen Schutzmantel aus Licht einhüllt. Im gleichen Moment, in dem wir das geistig tun, erreicht diese Botschaft das Unterbewußtsein des anderen und hilft ihm weiter.

SCHULDGEFÜHLE

Der Sinn unseres Lebens ist zu lernen, uns weiterzuentwickeln, ein höheres Bewußtsein zu erlangen.

Wie findet Lernen in der Natur statt? Durch Versuch und Irrtum.
Betrachten wir die gigantische Vielfalt in der Natur, dann kommen wir darauf, daß dies ein ganz hervorragendes Entwicklungskonzept ist.

Natürlich ist das bei uns Menschen nicht anders!

Das bedeutet, daß wir im Laufe unseres Lebens unter Garantie tausende von Fehlern machen. Diese Fehler und Irrtümer gehören genauso zum Leben wie das, was wir richtig machen, sind also ein wesentlicher Bestandteil unserer Persönlichkeit.

Was ist daran so negativ?
Die Antwort ist klar und einfach: nichts!

Wir brauchen uns daher unserer Fehler nicht zu schämen. Daraus Schuldgefühle abzuleiten ist etwas, was wir in Zukunft getrost ablegen können.

Eine wichtige Einschränkung dazu: Fehler sind im Sinne der Evolution für uns nur dann gut, wenn wir sie benützen, um daraus zu lernen; wenn wir uns also unsere Fehler eingestehen und in Zukunft versuchen, sie zu vermeiden, weil wir es jetzt besser wissen.

Wenn wir aber nicht bereit sind, daraus zu lernen, dann machen wir uns im Sinne der Evolution tatsächlich schuldig.

Viele Schuldgefühle jedoch entstehen durch einen Unterdrückungsmechanismus, der auf Machtausübung basiert.

Schuldgefühle erzeugen ein angeknackstes Selbstwertgefühl, und Menschen mit einem solchen sind wesentlich leichter manipulierbar als selbstbewußte Menschen.

Das wußten und wissen alle Machthaber dieser Welt, egal, ob es sich um geistliche oder weltliche Würdenträger handelt.

Wenn wir unsere Vergangenheit betrachten, dann ist diese eben geprägt von Fehlern und versäumten Gelegenheiten, von Dingen, die wir aus heutiger Sicht ganz anders machen würden.

Trotzdem haben diese Fehler in der Vergangenheit zum damaligen Entwicklungsstand dazugehört. Bestimmte Fehler haben dazu beigetragen, daß wir uns verändert haben. Genau das entspricht aber dem Sinn des Lebens.

Alles ist gut,
so wie es ist.

Wenn wir das von dieser Warte aus betrachten können, dann sind viele Fehler, die wir begangen haben, o.k., weil sie uns auf einen bestimmten Weg gebracht und zu einer Entwicklung geführt haben. Wir haben damit dem Sinn unseres Lebens entsprochen.

Das Loslassen von Schuldgefühlen bedeutet:
anerkennen; daß wir Fehler gemacht haben.

Durch diese Anerkennung haben wir die Kraft, aus unseren Fehlern zu lernen und nun eine Kurskorrektur einzuleiten.

Aufgrund unserer Erziehung haben wir sehr oft die falsche Vorstellung, daß wir ausschließlich für andere da sein sollten.

Die Aufgabe unseres Lebens ist uns zu entwickeln, nicht die anderen zu entwickeln!

Damit wir uns dieser Lebensaufgabe stellen können, brauchen wir ab und zu Zeit für uns selber.
Darum ist es trotz Familie und Berufsleben wichtig, uns diese Zeit zu nehmen.

VERZEIHEN

Wenn es uns gelingt, unser Leben anzunehmen, so wie es ist, und wenn es weiter gelingt, jeden Menschen so anzunehmen, wie er ist, auch wenn er anders ist, als man gerne haben möchte, dann bildet das den Grundstein für ein energiereiches, erfülltes und glückliches Leben.

Wir haben am Anfang dieses Buches festgestellt, daß jeder Mensch die Welt so sieht, wie es seine inneren Programme zulassen. Es ist also gar nicht möglich, irgend etwas auf dieser Welt objektiv wahrzunehmen, sondern alles, was uns passiert, nehmen wir subjektiv wahr durch das Filter unserer Gedanken und unserer inneren Programme.

Aus dieser Tatsache ergibt sich, daß jedes Urteil über jemand anderen immer nur falsch sein kann.

Wenn jemand etwas macht, was du nicht billigst, dann solltest du das aus dieser neuen Sicht heraus nicht verurteilen, weil der andere das eben ganz anders gesehen hat.

Wem ist es nicht schon so gegangen, daß man ein Gespräch geführt hat, in dem man dem anderen etwas mitteilen wollte, und dieser hat es total anders aufgefaßt. Und schon gibt es den größten Krach nur deswegen, weil jeder Mensch die Welt nur über seine eigene (gefärbte) Brille wahrnehmen kann.

Aus dieser Situation heraus sollte das Verzeihen kein

Problem mehr sein. Solange ich jemandem „böse“ bin, aus welchen Gründen auch immer, blockiere ich meine eigene Energie.

Inneren Frieden erreichen wir nur, wenn wir verzeihen können.

Vielleicht haben dich deine Eltern, deiner Meinung nach, falsch erzogen: zu streng, dich gezüchtigt, gedemütigt, dich lieblos behandelt. Und du hast gegen sie Groll oder Haß entwickelt, ihnen die Schuld gegeben für dein heutiges Sosein.

Oder vielleicht gibt es einen Partner, der dir große Probleme bereitet hat, dir Schmerzen zugefügt, dich betrogen, dir weh getan hat.

Mache dir einmal bewußt, daß du durch starke Gefühle des Nicht-Einverstandenseins mit den Handlungen anderer nur dich selber schwächst. Du richtest dabei zerstörerische Kraft gegen dich selbst und raubst dir dadurch deine Lebensfreude.

Solange du Haß und Groll in dir trägst, belastest du dich, dein Energiedefizit wird immer größer.

Verzeihen ist in jedem Fall die einzig richtige Lösung!

Vielleicht rebelliert anfangs noch dein Ego. Vielleicht kostet es am Anfang noch Überwindung, weil du meinst, dadurch etwas von deinem Stolz zu verlieren, als dumm und schwach dazustehen, sich alles gefallen zu lassen und von den anderen belächelt zu werden.

In Wirklichkeit zeigst du mit Verzeihen innere Größe und Reife.

Trenne dich also von deinen Aggressionen. Wenn es jemanden gibt, der dir Schwierigkeiten bereitet hat, löse dich gedanklich davon und lasse ihn los.

Sage geistig: „du hast mir große Probleme bereitet, mir weh getan. Aber dadurch habe ich eine Lektion gelernt, eine Lebensaufgabe gelöst und mich geistig weiterentwickelt. Ab jetzt belastet mich das vergangene Geschehen nicht mehr, ich bin frei davon!"

Nur so kannst du deinen inneren Frieden wieder herstellen.

Und wenn du ab jetzt aufhörst, nachtragend zu sein, zu grollen oder zu hassen, wenn du deine Erwartungshaltung losläßt, ist Verzeihen in Zukunft automatisch überflüssig geworden. Wenn du ohne Erwartungen bist, kannst du auch nicht enttäuscht werden.

Es gibt somit auch keine Ursachen mehr, die man verzeihen müßte!

HIER UND JETZT

Viele Menschen fühlen sich ausgelaugt und ohne Energie, weil sie einfach einen viel zu schweren Rucksack mit sich herumtragen. Der Rucksack ist gefüllt mit Erinnerungen an die Vergangenheit und gleichzeitig mit Befürchtungen für die Zukunft.

Im täglichen Leben würden wir jene, die immer und ewig mit einem schweren Rucksack herumlaufen, der mit Steinen gefüllt ist, als verrückt bezeichnen. Doch mit dem Rucksack der Vergangenheit und dem zusätzlichen Gewicht der Zukunftsängste laufen so viele herum…

Wir müssen uns einmal klar machen, daß dies nicht unsere Lebensaufgabe ist!

In Wahrheit existiert nur diese eine Sekunde, in der du diesen Satz liest, nämlich diese, hier und jetzt.
Alles Vergangene können wir nicht mehr beeinflussen, es existiert nur mehr in unserer Erinnerung. Es ist so, wie es ist.

Christus hat das sehr drastisch in der Bibel ausgedrückt:

Laßt die Toten ihre Toten begraben.

Gemeint ist, egal ob unsere Vergangenheit positiv oder negativ gewesen ist, wir sollten akzeptieren, wie sie tatsächlich war.

Weil es keine Chance gibt, hier noch einmal eine Veränderung vorzunehmen, ist die einzige Möglichkeit die Akzeptanz.

Betrachte einen Fluß: das Wasser, das vorbeigeflossen ist, kommt niemals wieder.

Das Verhaften an der Vergangenheit hindert uns sehr oft, das einzige Kapital zu nützen, das wir wirklich haben, und dieses Kapital heißt: das Hier und Jetzt, die jetzige Sekunde.

Das Heute ist die Geburt vom Morgen.

Man kann die Vergangenheit nicht mehr ändern (Das Einzige, was davon noch zählt: wir profitieren an Erfahrung). Und niemand auf dieser Welt weiß tatsächlich, was die Zukunft bringen wird.

Dieser Tatsache ins Auge sehen heißt Loslassen. Mit diesem Loslassen bekommen wir genug Energie, um das Hier und Jetzt tatsächlich voll und bewußt zu erleben.

Lebe im Augenblick, – immer in dem Bewußtsein, es könnte dein letzter sein, und was jetzt wirklich wichtig ist.

Wenn du am Ende des Lebens zurückblickst, dann bildet dieses Leben die Summe der gelebten Sekunden. Gelebte Sekunden sind bewußt erlebte Sekunden, Sekunden in denen du voll da warst, Sekunden in denen du im Hier und Jetzt gelebt hast.

EGOISMUS

Die Frage taucht immer wieder in den Seminaren auf: „Wenn ich zu mir selber stehe, wenn ich mich mit meinem Kern beschäftige, wenn ich darauf achte, was mir guttut und was nicht, bin ich dann egoistisch?“

Die Antwort ist klar und unmißverständlich: Nein!
Denn wenn es dir innerlich gutgeht, wenn du in dir ruhst, dann strahlst du diese innere Ruhe auch im Außen aus.

„Was passiert dann mit meiner Familie?“ – fragen sich viele. „Kommt dann meine Familie, mein Partner. meine Kinder zu kurz?“ – Die Antwort ist wiederum: Nein!

Natürlich ist es wichtig, der Familie die nötige Fürsorge angedeihen zu lassen. Auch echte Freundschaften sind zu pflegen,... Aber darüber hinaus mußt du immer genug Zeit für dich selbst finden, denn deine eigentliche Lebensaufgabe heißt, dich selbst weiterzuentwickeln. Wenn dir das gelingt, bist du ausgeglichen und in Harmonie mit dir selbst.

Deine innere Einstellung hat eine positive Auswirkung auf deine gesamte Umgebung, und diese profitiert davon. Das bedeutet, **je besser es dir innerlich geht, umso besser geht es deiner Umgebung.**

KINDER

Auch hier ist das Loslassen ein ganz großes Thema.

Der wichtigste Teil der Erziehung ist Vorbildfunktion. Das Bedeutendste, was wir unseren Kindern mitgeben können ist, daß wir positive Werte vorleben. Nicht vormachen, sondern vorleben. Das ist auch unsere eigentliche Verantwortung.

Sehr oft glauben wir, unseren Kindern unter dem Deckmantel der Verantwortung unseren Willen aufzwängen zu müssen.

Wie viele Kinder besuchen eine bestimmte Schule, machen eine bestimmte Ausbildung mit, obwohl diese ihrem inneren Wesenskern nicht entspricht ?

Sehr oft richtet sich die Art der Ausbildung nach den versäumten Wunschbildern der Eltern. Was Vati oder Mutti seinerzeit nicht erreichen konnten, das wird nun auf die Kinder projiziert. Wenn es erkennbar ist, daß diese sehr oft gut gemeinte Vorgangsweise den Kindern nicht entspricht, dann sollte man den Mut haben, das zu revidieren.

Auch bei den Kindern gilt das Gleiche wie bei der Partnerschaft: genießen wir es, ein Stück des Weges gemeinsam zu gehen, voneinander zu lernen und aneinander zu wachsen.

Der Endeffekt heißt aber auch hier Loslassen, und den anderen letztendlich ein Leben führen zu lassen, das seinen eigenen Talenten und Fähigkeiten, seinem innersten Kern entspricht.

Kinder sind weder unser Besitz noch dazu da, um unseren persönlichen Ehrgeiz zu befriedigen, sondern sind eigenständige Persönlichkeiten, die ihr ganz persönliches Leben führen müssen.

Aus Sorge und Angst versuchen wir viel zu oft einzugreifen, das heißt aber unsere Kinder nicht als eigenständige Persönlichkeiten zu akzeptieren, die ihre eigene Lebensaufgabe haben.

So wie wir unsere Lebensaufgaben bewältigen müssen (das ist unser Schöpfungsauftrag), so müssen auch unsere Kinder ihre Lebensaufgaben bewältigen, vielleicht völlig andere als wir.

Unsere Lektion als Eltern heißt zuerst Vorbild zu sein, ihnen Fürsorge und Hilfsbereitschaft, Großzügigkeit und Liebe angeheihen zu lassen, und dann behutsam loszulassen, sodaß unsere Kinder die Möglichkeit haben, autonome, selbständige Persönlichkeiten zu werden, die ihrer eigenen Lebensaufgabe entsprechen.

Eure Kinder sind nicht eure Kinder.
Sie sind die Söhne und Töchter der
Sehnsucht des Lebens nach sich selber.
Sie kommen durch euch, aber nicht von euch.
Und obwohl sie mit euch sind,
gehören sie euch nicht.
Ihr dürft ihnen eure Liebe geben,
aber nicht eure Gedanken.
Denn sie haben ihre eigenen Gedanken.
Ihr dürft ihren Körpern ein Haus geben,
aber nicht ihren Seelen.
Denn ihre Seelen wohnen im Haus von morgen,
das ihr nicht besuchen könnt,
nicht einmal in euren Träumen.
Ihr dürft euch bemühen, wie sie zu sein,
aber versucht nicht, sie euch ähnlich zu machen.
Denn das Leben läuft nicht rückwärts,
noch verweilt es im gestern.
Ihr seid die Bogen, von denen eure Kinder
als lebende Pfeile ausgeschickt werden.

(aus Khalil Gibran: Der Prophet)

DER SINN DES LEBENS

Wir sind hier, auf dieser Welt, in der Schule des Lebens. Das bedeutet, das Leben ist ein lebenslanger Lernprozeß.

Mit Hilfe der Polarität ist sichergestellt, daß wir vom Leben (von uns selbst) immer wieder Aufgaben gestellt bekommen, die es gilt im Sinne der Erkenntnisfähigkeit zu meistern.
Unser Leben ist dann gelungen, wenn wir am Ende eine höhere Erkenntnisfähigkeit mitnehmen können.
Mitnehmen wohin? In ein Jenseits. Wenn es ein Diesseits gibt, dann muß es im Sinne der Polarität auch ein Jenseits geben.
Alles Leben ist eine Form von Energie, unsere Gedanken sind auch eine Form von Energie. Aus der Physik wissen wir: Energie kann nicht vernichtet werden, Energie kann nur umgewandelt werden.
Es ist klar, daß am Lebensende daher nicht alles aus sein kann. Das ist schon physikalisch unmöglich. Wohin geht die Energie, die bisher bestanden hat?
Nachdem sie nicht weg sein kann, existiert sie, in verwandelter Form, weiter.

Für mich persönlich ist der Glaube an die Reinkarnation (Wiedergeburt) sehr hilfreich und auch äußerst logisch.
Wie könnte mit dem Tod alles aus sein?
Wir nehmen also den Teil von Energien, den wir hier nicht auflösen konnten, hinüber in das andere Leben.

Um den Vergleich mit der Schule zu bringen, wir gehen anschließend nach Hause, ruhen uns aus, ordnen unsere Unterlagen, machen die Hausaufgaben, um uns schließlich zu rüsten für einen neuen Schultag.

Die unerledigten Energien verursachen ein bestimmtes Energiemuster.
Aufgrund dieses Energiemusters warten wir zu Hause (drüben) darauf, bis es auf der materiellen Welt genau die Umstände gibt, die unserem Energiemuster entsprechen.

Wir suchen uns also genau die Lebensumstände aus, die wir benötigen, um die optimale Chance zu besitzen, unsere ungelösten Energien wiederum abzubauen. Und in diesem Moment beginnt unsere nächste Inkarnation.

Übrigens: die Lehre von der Reinkarnation war auch für unsere christlichen Vorfahren bis ins 3. Jh. n. Chr. selbstverständlich. Man findet in der Bibel genug Stellen, die darauf hinweisen. Wie sonst könnte man zum Beispiel vom Begriff „Erbsünde" sprechen?
Erst als die Kirche eine Institution wurde und dadurch auch Macht ausübte, hat man befunden, daß dies zu wenig Anreiz darstellt, um seine Schäfchen zu einem tugendhaften Leben zu bewegen.
Seither wird von der ewigen Verdammnis gepredigt. Jeder möge sich selber seinen Reim darauf machen.

Je mehr wir also an der Auflösung unserer Energien arbeiten, umso mehr erfüllen wir unseren Lebensauftrag. Die Aufgaben dazu bekommen wir in unserem täglichen Leben mit Hilfe der Polarität.

Je mehr wir also unser Leben als Aufgabe ansehen, umso sinnvoller empfinden wir es. Wir wissen, alles was wir tun, tun wir nicht nur für dieses Leben, sondern auch für alle künftigen Leben.

In diesem Zusammenhang taucht immer wieder eine Frage auf: „Wenn es die Wiedergeburt gibt, warum wissen wir nichts von unseren früheren Inkarnationen, damit wir darauf reagieren können?"

Die Antwort darauf ist sehr einfach. Wir sind nicht auf dieser Welt, um über unsere vergangenen Leben nachzudenken.
Die Lektionen, die wir benötigen, um ungelöste Energien auflösen zu können, bekommen wir in diesem Leben, durch unsere jetzigen Lebensumstände.

Der Rückblick auf vergangene Leben, wie er in der Reinkarnationstherapie gemacht wird, ist zwar ganz interessant, aber nicht immer notwendig.

Durch die Wiedergeburt bekommt alles erst seinen Sinn.

Wie sonst wäre es erklärbar, daß es auf dieser Welt so viele Ungerechtigkeiten gibt?
Der eine wird in eine immens reiche Familie hineingeboren und der andere stirbt schon im ersten Lebensjahr an Unterernährung. Wie kann man das mit einem gerechten und liebenden Gott vereinbaren?

Der liebe Gott sitzt nicht auf Wolke 17 und verteilt 6 Milliarden Schicksale. Das Prinzip Gott, der Schöpfer, All-Eins, Allah, das Höchste, das Heiligste, die allumfassende Kraft, wie immer wir das bezeichnen wollen, hat Gesetzmäßigkeiten erschaffen, nach denen das Leben abläuft.

Einige wichtige Gesetzmäßigkeiten, die dir persönlich weiterhelfen, hast du in diesem Buch kennengelernt.

Ich lade dich ein, dieses Wissen in deinem Leben umzusetzen.

Denn erst durch das TUN veränderst du die Welt.

Möge es zu deinem Segen und dadurch zum Segen des ganzen Universums sein.

Blicke in dich.
In deinem Inneren
ist eine Quelle,
die nie versiegt,
wenn du nur
zu graben verstehst.

(Marc Aurel)